地域No.1工務店の「劇的に進化する」経営

（株）あいホーム代表取締役
伊藤 謙
ITO Ken

日本実業出版社

はじめに

環境激変の中、3期連続成長

僕は正直驚いた。振り返ってみれば、**3期連続の企業成長**を成し遂げていたからだ。コロナ禍で売上も営業利益も伸ばすことができたわけだが、上手くいっている感覚は少しもなかった。先代や創業者が築いてきた、「信頼」や「仕組み」が上手く機能したことや、あいホームファミリーの社員1人ひとりや協力業者の皆さんが、一生懸命お客様に尽くしたからこその成長だ。

2021年3月に1冊目の本となる『**地域No.1工務店の「圧倒的に実践する」経営**』を書き、何が変わったのか。それは、志の高い人たちとの繋がりだ。予想以上に多くの方とのご縁をいただいたことで、全く違った世界を知ることになった。

手を抜かずに頑張って生きてきた自負はあったが、もっと頑張っている人がいくらでもいることを痛感し、さらなる成長のきっかけを数多くいただいた。**本が多くの人に届くこ**

と以上に、本を通して繋がった人たちとの「ご縁」に喜びを感じた。

また、中小企業や零細企業と呼ばれる地方ビジネスへの愛着が湧き深まった。その想いはさらに強く大きくなり、**僕の人生をかけてでも、地方中小企業への貢献をし続けたいと思うようになった。**東北の中小企業経営者として、自分が実践したこと、それによって気づいたことを惜しみなく共有するだけでも、多くの方々に貢献できることに気づけた。

成長のカギは「進化」

本書は、100%僕が実際に経験したことを文章にした。極めて具体的な実践事例を紹介しながら、大事な考え方や視点を共有できるようにしている。それに加えて、コロナ禍を一緒に走ってきた仲間との「実践プロセス」も共有することで、工務店業界だけにとどまらない、他業種にも応用できる内容を目指している。僕たちの経験が、読者の皆さんの心に深く響き、新たな一歩を踏み出す勇気に繋がることを願っている。読むたびに新しい発見があり、ページをめくる手が止まらなくなる。そんな読書体験をしてもらいたい。

宮城県着工ランキング

TOP 15

（出所）リビング通信社

2011年度

単位：棟

順位	会社名	着工数
1	積水ハウス	760
2	セキスイハイム東北	505
3	レオハウス	348
4	アーネストワン	319
5	一建設	286
6	スモリ工業	277
7	大和ハウス工業	262
8	タマホーム	236
9	東北ミサワホーム	232
10	東和総合住宅	215
11	西洋ハウジング	214
12	住友林業	211
13	セルコホーム	205
14	一条工務店宮城	190
15	日本住宅	176

2012年度

順位	会社名	着工数
1	積水ハウス	931
2	セキスイハイム東北	625
3	一建設	507
4	アーネストワン	501
5	タマホーム	330
6	大和ハウス工業	313
7	レオハウス	298
8	スモリ工業	296
9	東北ミサワホーム	286
10	住友林業	269
11	あいホーム	261
12	一条工務店宮城	259
13	セルコホーム	252
14	大東建託	226
15	東和総合住宅	208

2013年度

単位：棟

順位	会社名	着工数
1	積水ハウス	715
2	アーネストワン	512
3	一建設	474
4	セキスイハイム東北	468
5	大和ハウス工業	317
6	大東建託	285
7	スモリ工業	268
8	タマホーム	247
9	あいホーム	241
10	東北ミサワホーム	240
11	タクトホーム	227
12	一条工務店宮城	226
13	住友林業	223
14	日本住宅	210
15	レオハウス	198

2014年度

順位	会社名	着工数
1	積水ハウス	582
2	アーネストワン	489
3	一建設	463
4	セキスイハイム東北	390
5	大和ハウス工業	322
6	大東建託	271
7	スモリ工業	232
7	東北ミサワホーム	232
9	一条工務店宮城	214
10	住友林業	188
11	セルコホーム	183
12	タクトホーム	179
13	あいホーム	178
14	タマホーム	168
15	秀光ビルド	160

東北の激戦エリア

2015 年度

単位：棟

順位	会社名	着工数
1	一建設	555
2	積水ハウス	478
3	アーネストワン	420
4	セキスイハイム東北	384
5	大和ハウス工業	320
6	スモリ工業	267
7	大東建託	264
8	秀光ビルド	254
9	住友林業	246
10	一条工務店宮城	212
11	あいホーム	204
12	タクトホーム	201
13	東和総合住宅	189
14	東北ミサワホーム	179
15	セルコホーム	169

2016 年度

順位	会社名	着工数
1	一建設	553
2	積水ハウス	485
3	アーネストワン	444
4	セキスイハイム東北	376
5	大和ハウス工業	345
6	飯田産業	340
7	スモリ工業	278
8	大東建託	241
9	一条工務店宮城	238
10	タクトホーム	224
11	あいホーム	208
12	東北ミサワホーム	203
13	東和総合住宅	187
14	秀光ビルド	182
15	住友林業	167

2017 年度

単位：棟

順位	会社名	着工数
1	一建設	552
2	アーネストワン	427
3	積水ハウス	364
4	飯田産業	363
5	セキスイハイム東北	335
6	大和ハウス工業	284
7	スモリ工業	241
8	あいホーム	235
9	タクトホーム	211
10	一条工務店宮城	189
11	タマホーム	181
12	東和総合住宅	159
13	東北ミサワホーム	158
14	住友林業	153
15	大東建託	141

2018 年度

順位	会社名	着工数
1	一建設	626
2	アーネストワン	409
3	飯田産業	353
4	積水ハウス	342
5	セキスイハイム東北	339
6	あいホーム	262
7	スモリ工業	246
8	大和ハウス工業	243
9	タクトホーム	237
10	タマホーム	193
11	一条工務店宮城	179
12	クリエイト礼文	168
12	東和総合住宅	168
14	東北ミサワホーム	167
15	桧家住宅	158

宮城県着工ランキング

TOP 15・30

2019年度　　2020年度　　単位：棟

順位	会社名	着工数	順位	会社名	着工数
1	一建設	690	1	一建設	527
2	アーネストワン	459	2	アーネストワン	404
3	飯田産業	351	3	飯田産業	332
4	セキスイハイム東北	307	4	積水ハウス	241
5	タクトホーム	271	5	あいホーム	213
6	積水ハウス	266	6	スモリ工業	212
7	あいホーム	236	7	セキスイハイム東北	189
8	大和ハウス工業	204	8	大和ハウス工業	188
9	スモリ工業	201	9	タマホーム	184
10	タマホーム	195	10	東和総合住宅	156
11	東栄住宅	169	11	一条工務店宮城	155
12	東和総合住宅	164	12	桧家住宅	151
13	住友林業	138	13	タクトホーム	150
14	一条工務店宮城	132	14	日本住宅	146
14	桧家住宅	132	15	秀光ビルド	128

2021年度　　単位：棟

順位	会社名	着工数	順位	会社名	着工数
1	アーネストワン	610	16	住友林業	154
2	一建設	572	17	秀光ビルド	141
3	飯田産業	351	18	一条工務店宮城	133
4	東和総合住宅	316	19	東栄住宅	128
5	積水ハウス	269	20	東北ミサワホーム	124
6	あいホーム	237	21	大進建設	105
7	タクトホーム	234	22	ユニホー	102
8	スモリ工業	227	23	ヤマダホームズ	101
9	ケイアイスター不動産	208	24	トヨタホームとうほく	98
10	セキスイハイム東北	205	25	大東建託	95
11	タマホーム	199	26	一条工務店仙台	87
12	大和ハウス工業	177	27	高勝の家	83
13	日本住宅	170	28	パパまるハウス	81
14	桧家住宅	167	29	ＧＳホーム	80
15	パルコホーム宮城	166	30	クリエイト礼文	72

東北の激戦エリア

2022 年度　　単位：棟

順位	会社名	着工数	順位	会社名	着工数
1	一建設	667	16	パルコホーム宮城	156
2	アーネストワン	533	17	一条工務店宮城	152
3	飯田産業	325	18	大東建託	149
4	東和総合住宅	286	19	桧家住宅	129
5	あいホーム	214	20	東北ミサワホーム	114
6	セキスイハイム東北	204	21	一条工務店仙台	113
7	積水ハウス	201	22	パナソニックホームズ	100
8	日本住宅	196	23	秀光ビルド	94
9	ケイアイスター不動産	195	23	ヤマダホームズ	94
10	タマホーム	185	25	リアルト・ハーツ	91
11	タクトホーム	174	26	大進建設	87
12	大和ハウス工業	171	27	住友不動産	77
13	住友林業	167	28	パパまるハウス	76
14	スモリ工業	159	29	ＧＳホーム	70
15	東栄住宅	157	29	ウンノハウス	70

1 地域 No.1の着工実績（宮城県北部＝大崎・栗原・登米圏）

2022 年度　　その他＝美里町、涌谷町、加美町、色麻町　　単位：棟

順位	会社名	大崎市	栗原市	登米市	その他	合計
1	あいホーム	29	21	7	45	102
2	東和総合住宅	19	16	39	16	90
3	アーネストワン	25	23	12	19	79
4	タマホーム	46	12	13	6	77
5	大東建託	15	15	5	16	51
6	一建設	19			11	30
7	高勝の家	19	3	3	4	29
8	スモリ工業	10	5	6	7	28
9	セキスイハイム東北	11	2	8	5	26
10	パルコホーム宮城	8	3	4	10	25

背骨となる重要なキーワードは、「進化」である。進化とは、変化することであり、過去を手放すことでもあり、新しい自分を受け入れることでもある。進化をしよう、と言うのは簡単だが、勇気と圧倒的な実行力が必要だ。**僕はこの進化を「爆速で失敗する」ことで、実現してきた。**「進化」と同じぐらい重要なキーワードは「失敗」である。

一方で、進化の反対は、「現状維持」。「そんなことやって何になるんですか？」「それをやる意味は何ですか？」という発言をする人は多い。新しいことをしようとする時は、必ず反対派の人もいる。しかし、それすらも楽しもう。上手くいかないことも、受け入れられないことも、反対されることも全て楽しもう。

この本で実現してもらいたいこと

この本で実現してもらいたいことは、ズバリ「**地方中小企業の進化**」である。本1冊で、そんな大きなことができるのか。きっとできる。

本書で紹介する数々の実践してきた経験も含め、本ならではの、本だからこそのスタイルで情報を伝えたい。著者の僕だけではなく読者の皆さんも、この本を通じて同じ経験を

図1　成長のカギ

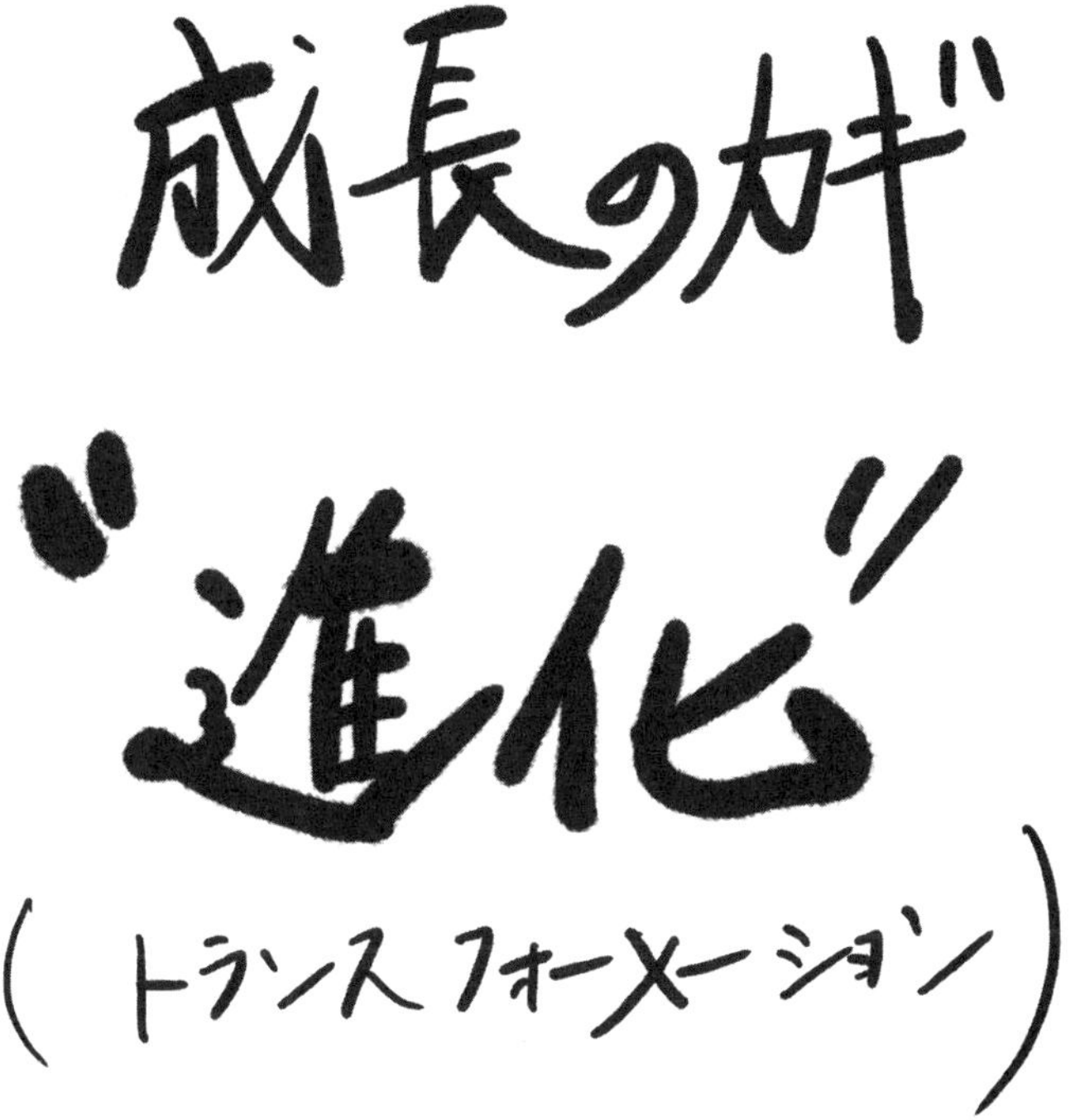

共有したような感覚になると思っている。気づいたことを多くの人とシェアしていただきたい。もちろん僕にも共有してほしい。共に研鑽していきたい。

本書を読んでいただき、皆さんに進化してもらうためのポイントが2つある。1つ目は、仲間を増やすことだ。このデジタル社会で、本から学び本を通して繋がるご縁がどれだけ多いことか僕自身が経験したからだ。自分1人でできないことも、仲間とならできる。2つ目は先人の知恵から学ぶこと。僕自身、本を出版したことで50代・60代・70代・80代の先輩経営者と接する機会があり、おかげ様で何十年ものビジネス経験を持った方々の知見を吸収し成長することができた。その経験も皆さんに共有するので、その情報を生かしてほしいと思う。そして、次の未来に向けて圧倒的に実践してもらいたい。

時代が「地方中小企業の進化」を求めている。大企業が展開するフランチャイズシステムやオペレーションの整ったサービスも便利で良いが、**その地方・地域にしかない「心温まる地域ならではのサービス」を求めているのも確か**だ。その「真の顧客ニーズ」に応えることができずに、業績悪化で立ち行かなくなり、企業倒産や廃業など、苦しんでいる人たちがたくさんいる。

1冊目の出版後に、**「こんなに手の内を晒す本を書くなんて凄い」**と何度も言われたが、僕からすれば**「自分がやったことを、全て出し切る」ことでしか、役に立てることがない**のだ。時間は限られていて、まとまって本を書く時間などない。課題は山積みでやることに溢れている。それでも、何か貢献したい。自分の言葉で、届けたい。

ピンチをポジティブに変える捉え方

コロナ禍のようなネガティブな事象は「逆境」ではなく、「最大のチャンス」だと考えるべきである。例えば、怪我をした時は、体の使い方を改めて学び直すチャンス。風邪をひいた時は、見たかった動画をまとめて見るチャンス。入院した時は、読みたかった本をたくさん読むチャンスとなる。

何か理由があって、逆境が目の前に現れる。「東日本大震災」が起きた日が僕にとって、あいホームの「実質入社日」であったし、コロナウイルス感染拡大のため、「初の緊急事態宣言」が出ていた2020年5月が、経営者としてのデビュー月となった。

先の読めない時代を生きることは、逆境をチャンスに変える力が磨かれる。コロナウイルスの感染が拡大し始めた2020年2月の時点で、僕は、**「長年実現したかったデジタル**

化」を一気に進められるチャンスだと捉えた。

そして、あらゆる人がオンラインで活動することになった時は、「地方に住みながら遠くにいる人と繋がるチャンス」だと捉えて、東京・大阪・福岡・タイ・エストニアなど、様々な場所で様々な生き方をしている人と繋がり仕事を進めることができた。

逆境をチャンスにできたからこそ、隔てられて自宅にこもって出会いがないと言われていた時に、それまで以上に人とのご縁が繋がった。1冊目の本を出版した時などは、本ができ上がるまで担当編集者と「直接会うこと」はなかった。それはコロナ禍ならではのやり方だった。

デジタル化の落とし穴

日本の中小企業の中で、最もデジタル化の落とし穴にはまったのは、僕なのではないかと感じている。「デジタル化こそ、全ての人にとって良いことだ」と信じて、それぐらい極端にやりすぎた。

その結果どうなったのかというと、肝心な人間関係がギスギスしてしまったのだ。

第1章で後述するが、2022年の冬頃に「3ヶ月連続で若手社員が退社をする」という出来事があった。退社をしたいという気持ちを事前に察知する機会もつくれていなかった。

その連続退社の影響を受けて、社内の空気は最悪だった。デジタル化をやりすぎると、人間関係がギクシャクする。そこから、怒涛のアナログ化を実施し、やっと今バランスがとれたと感じている。

したがって、**この本のテーマは「デジタル化」ではない。**そして、「やっぱりアナログが良い」という話でもない。大事なのは、**時代の変化に合わせた「組織的な進化」**である。いかに進化していくか、いかに進化をしようとしているのかを伝えるための本である。過去の事例だけではなく、今取り組んでいることも共有し、さらには将来やろうとしていることも宣言する。**過去・現在・未来の進化について、徹底的に共有させていただく。**

劇的に進化する

進化を実現するために必要なこととして、**「爆速で実験する」という感覚が必要**だと考える。一般的に、「失敗すると怒られる」とか「失敗してヘコんだ」など失敗についてマイナスなイメージが多いが、意識をして、爆速で実験すべきである。「誰も見たことのないテクノロジーが進化し続ける」という今は、多くの実験から成り立っている。「また意味がわからないことをやっている」と周りから笑われたりするようなことが、進化には必要なのだ。

やってはいけないことは、「ゆっくり失敗する」こと。これだけはオススメしない。

1年かけてやったことが失敗に終わった時の絶望感、そしてチームへ与えるマイナスな影響は大きい。劇的に進化する組織を目指し、1週間単位で失敗に気づく仕組みや文化をつくるべきだ。

僕自身は、数時間単位で失敗に気づくことを日々意識して生きている。そのための圧倒的な実践なのだ。

前作に引き続き、自分の経営そのものを本にぶつけるわけだが、それはつまり、自分の失敗の共有だ。速く失敗すれば、速く成功する。また新たに志の高い仲間が増えて、日本の地方の中小企業が面白くなることを心から願う。

全体の構成として、第1章でデジタル化の落とし穴にはまった失敗談を共有しながら

「人事」と「デジタル経営」について書く。その土台を踏まえた上で、「社内コミュニケーション」について第2章で書き、新時代に対応するための組織を明らかにする。組織の表が「コミュニケーション」だとすれば、裏は「データ活用」だ。このことについて、詳しく第3章で書く。

第4章では、企業ブランディングを取り上げる。中小企業の唯一の成長戦略と言っても良いのが、この分野である。**進化し続けるには、組織の力をどこに向けるかを定める必要がある。**どれだけ環境が変化しても、絶対に変わらない基軸となる「北極星となるもの」を見出す必要がある。大企業が取り組むようなものではなく、中小企業が取り組むべき企業ブランディングについて実践事例を紹介する。

企業経営の中心となるブランド理念を定めた上で、第5章ではビジュアル戦略を詳しく述べる。伝える手段としてのデザイン・インテリア・ファッション。それが「集客」戦略となり、持続的なSDGsの取り組みとも繋がる。

最後の第6章は、**圧倒的な実践事例の共有だ。**わが社が実際に取り組んだ事例の中でも、特に参考になりそうなものを30個厳選し共有させていただく。新しいことへの取り組みは、日々、何かしらやっていて、SNSで紹介していることもある。ただ、本に書く内容というのは、紙に印刷するだけの価値のある取り組みを選んでいるという点で、非常に内容の濃いものになっているはずだ。
僕の仲間や先輩の思いも背負って、入魂の言葉で届けていく！

2024年3月吉日

伊藤　謙

目次

どんな逆境もチャンスに変える！　環境激変でも〝連続〟最高益！

地域ＮＯ．１工務店の「劇的に進化する」経営

はじめに

環境激変の中、３期連続成長……2
成長のカギは「進化」……3
この本で実現してもらいたいこと……8
ピンチをポジティブに変える捉え方……11
デジタル化の落とし穴……12
劇的に進化する……13

Dramatic evolution
第1章

デジタル経営の落とし穴

□第1章の要約……28
□3ヶ月連続で若手の退社が続いた……29
□デジタル化でデジタルの弱点を発見……31
□社長巡行が道をひらいた……36
□社員全員と文通をする……38
□新卒採用はやめる。中途採用へ……42
❶ストレングス・ファインダー　❷1on1　❸チームによるワークショップ
□デジタル時代の経営者の仕事は劇的に進化すること……51
□経営者の役割は「応援」……52
□チームという単位に人格を形成させる……53

Dramatic evolution

第2章

社内コミュニケーションの劇的な回復

□第2章の要約……56
□チャットとZoomの限界……57
□トップが自分をオープンにする……61
□飲み会ではなくカレーの会……63
□空間の意味を変える……67
◎社長室 ◎ショールーム ◎倉庫
□社内外の垣根を壊す……73
□音楽とダンスを経営に取り入れる……77

Dramatic evolution

第3章

人事評価、目標達成における データ活用の盲点

□第3章の要約……84
□データを集めるだけでは行動は変わらない……85
□人事評価のスコアリングシステムは大失敗……87
□決算書で生きているのは経営者だけ……91
□未達成か達成しかない世界はつまらない……95
□行動したくなる目標の立て方……99
□高額な顧客管理ソフトはいらない……101
コラム デジタル伴走支援とノーコードシステム……105

Dramatic evolution
第4章

企業ブランディングで意味のある会社へ

□第4章の要約……110
□中小企業こそ企業ブランディング……112
□ブランディングの圧倒的生産性……115
□機能価値より情緒価値……116
❶パッシブデザイン設計の強化
❷構造計算（許容応力度計算）内製化と耐震等級3の実現
❸究極の気密施工品質の実現
□社員全員で「合言葉」をつくる……129
□ブランド理念体系がもたらした効果……140
□ロゴを変えない理由……146

コラム 企業ブランディングに本気で取り組む企業……148
◎コインランドリー：株式会社サンキュー
◎リノベーション：株式会社 N's Create.
◎畳：有限会社久保木畳店
◎不動産：株式会社ユカリエ

Dramatic evolution
第5章
逆境をチャンスに変えたマーケティング

□第5章の要約……154
□中小企業のビジュアルは伸びしろ……155
◎ビジュアル　◎タッチポイント
□デザインの敷居が下がった……160
□デザインはコミュニケーション……163

□魅力ある「商品写真」がもたらす爆発的効果……166
コラム 新サービスKAGLOG……172
□コストゼロで企業PRする「捨てない」取り組み……174
□ドレスコードをどう決めるか……177
□「スマホンシブ」のWebサイト……181
□クチコミの源を大きくする……185

Dramatic evolution
第6章

劇的に「進化」させた具体的な打ち手30

打ち手1 「トライアスロン」で強い健康をつくる……188

打ち手2 「運動会」を入社3年目のメンバーと企画実行する……189
打ち手3 「クリーン&グリーン活動」で一体感をつくる……191
打ち手4 「端材の無償提供」で地域に根差す……192
打ち手5 「端材キッズチェア」のワークショップをする……193
打ち手6 「東北ふるさと体験」という顧客サービスをつくる……194
打ち手7 「漫画と音楽」で社長の人柄を伝える……196
打ち手8 サウナ部のサ活でフラットな関係を築く……197
打ち手9 「社長ボイスレター」を社内配信する……199
打ち手10 「同行研修」の目的を人間関係構築にする……200
打ち手11 「振り返り」を初期研修で徹底する……202
打ち手12 「bot」通知の仕組みをつくる……204
打ち手13 「ネット高速化」を実現する……206
打ち手14 「紙の本」で多読する……209

打ち手15 「ソバキュリアン」として生きる……210
打ち手16 「朝礼司会」を新人教育に効果的に使う……212
打ち手17 「木育」に貢献する……214
打ち手18 「専門メディア」を応援する……216
◎新建ハウジング　◎日刊木材新聞
◎リビング通信社　◎住宅産業研究所
打ち手19 「薪ストーブ」があるオフィスの可能性を探る……221
◎コミュニケーションの機会の増加　◎コストダウンに繋がる
◎新しいマーケット開拓のヒント　◎イベントに使える
打ち手20 「マイク」に徹底的にこだわりぬく……225
打ち手21 「大型シーリングファン」を酷暑対策にフル活用する……226
打ち手22 「電話ミーティング」を正しく使う……229
打ち手23 「古い仕組み」にしっかり終止符を打つ……231
打ち手24 「新しい取り組み」はプレスリリースする……234

打ち手25 「評判サイト」の内容を正しい情報にする……235
打ち手26 「大掃除」を毎月1回する……240
打ち手27 「1次面接」は必ず社長がする……242
打ち手28 「CLT」を小さく試す……244
打ち手29 「秋保石」を積極的に使う……245
打ち手30 「運動と睡眠」に徹底的にこだわる……247
おわりに
本書掲載のURL・QRコードのリスト

カバーデザイン／萩原 睦（志岐デザイン事務所）
本文デザイン・DTP／初見弘一
本文筆文字／伊藤 謙
編集協力／本多一美

Dramatic Evolution

第1章

デジタル経営の落とし穴

第1章の要約

2020年5月より、約3年間経営者として生きてきた。実際にやってみると、経営の道は、まるで細やかな織物のごとしである。その一糸一糸をわが社のメンバー、地域のお客様、そして僕たちの日々の暮らしと見立て、それらを丁寧に織り合わせ、荘厳なる全体像を創り上げねばならない。波乱万丈のデジタル化の時代を乗り越えつつ、人と人との心の絆の尊さを忘れてはならない。

各々の店舗の独自性を生かし、その地に根差した奉仕を通じて、地域との結びつきを深めようと努めている。また、メンバー1人ひとりが自らの才能を開花させるよう、それぞれの強みや情熱を深く理解し、それに相応しい環境を整え、対話と共感を重んじて、面と向かっての語らいを大切にしている。

メンバーが自己成長を実感し得るように、教育や進路支援に力を注ぎ、新たなスキル習得の機会を提供し、自らの道へと歩み出すことを応援。また、恐れずに挑戦し、失敗から学ぶことの大切さを理解してもらい、組織全体の成長と進化を目指す。

僕の経営の哲学は、常に変化に柔軟に対応し、成長し続けることにある。市場の動き、技術の進展などの情報を常に集め、そして何よりも社内メンバーとお客様の声に耳を傾け、わが社を次なるステージへと導く。新たなる課題に直面するごとに、それを乗り越え、学び、成長していきたい。地域社会に愛される存在であり続けるよう、心を込めて尽くす所存である。

3ヶ月連続で若手の退社が続いた

「これから10年は、デジタル化やオンライン化」。それに取り組む工務店が業界の中心であると考え、全力で取り組んできた。しかし、２０２２年の冬頃、**その方針が完全に間違っていたことに気づかされる出来事が起こった。**

３ヶ月連続で若手社員が退社。最初は気づかなかった。最初の１人目は、「親の引越に自分もついていく」という退社理由だった。翌月になってまた別な退社の話を聞いた時、自分の中でのセンサーが黄色信号だと感じ始めた。そして3ヶ月目に退社の話を聞いた時は、末期症状だということに気づき、今までのやり方を改めなければならないと目が覚めた。

この時に何が起こっていたのか？　**今から思えば、オンラインでいつでも話せるというのは、コミュニケーションを活発にするどころか、真逆の結果をもたらしていた。**

雑談が減り、リアルな現実空間でのコミュニケーションが激減。朝の挨拶すらおろそかになっていた気がした。全員がマスクをしていて（僕は極力外していたが）、表情もわからない状況だった。

実際のコロナ感染ルートもよくわからないので、人によっては会話することも避けがちだったのかもしれない。「ＬＩＮＥなどのチャットを使って、相手の時間を奪わずにコミュニケーションを！」などと前著で本気で書くぐらい、デジタルの力を信用していたが、落とし穴はあった。活発になるはずの社内の人間関係が、ギスギスしたのだ。

デジタル化をやりすぎた結果、風通しの良い社内をつくることに大失敗し、働きづらい社内環境を自らつくってしまった。「こんなつもりではなかった」と、わが社のメンバーに申し訳ない気持ちでいっぱいになった。

社内コミュニケーションが不足するとどうなるかというと、工務店でいえば、お客様の家づくりに大きな支障が出る。情報共有が少なくなるということは、ニュアンスの違いや急な変更への対応、仕事のパス回しにぎこちなさが生まれて、問題が次々と増えていく。

施工管理アプリで現場を遠隔管理するということは、大前提として家づくりに関わる全員との信頼関係があればこそ。**人間同士が信頼関係を築かずにアプリで施工管理することなど、絶対にできない**。少なくとも、地方の中小企業が、心温まるようなサービスを提供する上ではマイナスが多い。僕はこの経験を通じて大きな教訓を得た。

デジタル化でデジタルの弱点を発見

デジタル化の弱点を端的にいうと、「効率が悪い」ということに尽きる。

会議を例にとって考えてみよう。新しい商品を生み出すための会議をオンラインでしている場合、実際に会ってやる会議と明らかに成果が違った。実際に会っての会議では、「以前出したあのカタログ、どんな感じだったっけ？」「あ、ちょっと持ってきます」とか、「僕はこの設備は商品に組み込まなくても良いと思っているんだよね」と意見を述べるのに重ねて、全員がうなずいていたり、微妙な顔をしていたり、「確かに！」と共感していたりが瞬間的に起こる。これがリアルだと感じることができるのだ。

会議なんて、わざわざ集まってやらなくてもいいと本当に思っていたが、今はオンライン会議ほど効率の悪いものはないと思っている。わざわざ移動して話す価値のある会議にできるかどうかだけが、大事である。

また、**「数値化をすると業績が上がる」というのも幻想**だ。これについてもしっかり、意見を述べておきたい。**数字での見える化をして人事評価をすると、評価される項目しか頑張らなくなる**。

それだけではなく、数字で評価されない項目に関しては社員全員が積極的に仕事しづらい空気をつくってしまうことにもなった。

「本当に良いことをやっても会社が評価してくれない」

こんな言葉を、何度も聞いた。

ＩＴやデジタルの弱点となることをいくつか挙げておこう。

・暑いとか寒いとかの肌感覚
・立体感や香り
・温度湿度
・会話の１秒あたりの情報量
・脳への刺激
・生の音
・ハイタッチなどのリアルコミュニケーション
・ネット環境が遅い時のコミュニケーションストレス
・五感に響くこと
・間合い

などリアルでないと伝わらない感覚がある。**人は感情で動く**。感情に響く要素が少ないのは、行動を促す点から問題である。デジタルは便利だが、「エモさ」（エモーショナル、感情に響く〉に欠ける。そこを踏まえて企業としてどう活用していくか。ＩＴやデジタルの活用場面を、ここで改めて見直すべきだと感じている。

僕はこのことに大きな危機感を持ち、２０２３年春頃から、Ｚｏｏｍによる会議やコミュニケーションを極端に減らし、できるだけ**対面での会議に切り替えた。**一日中パソコン画面を見ていた生活から一転し、パソコンを一日に一度も見ない生活が多くなった。

それで困ったことや問題はあったか？　正直、１つも見当たらないどころか、**プラスなことばかりだった。**その感覚を裏づける根拠を、東北大学の脳科学者である川島隆太先生が次のように研究結果から結論づけている（『オンライン脳』アスコム）。

〈スマホやパソコンによる『オンラインコミュニケーション』は情報は伝達できても心が通い合わず、対面によるコミュニケーションで自然に生じる互いの共感・共鳴・協力関係などを、うまく築くことができない。〉

オンラインコミュニケーションは、「目が合わない」ということが大きい問題要因。カメラのレンズを見ているだけのコミュニケーションだと、脳の動きが明らかに違うことが

図2　大事なもの

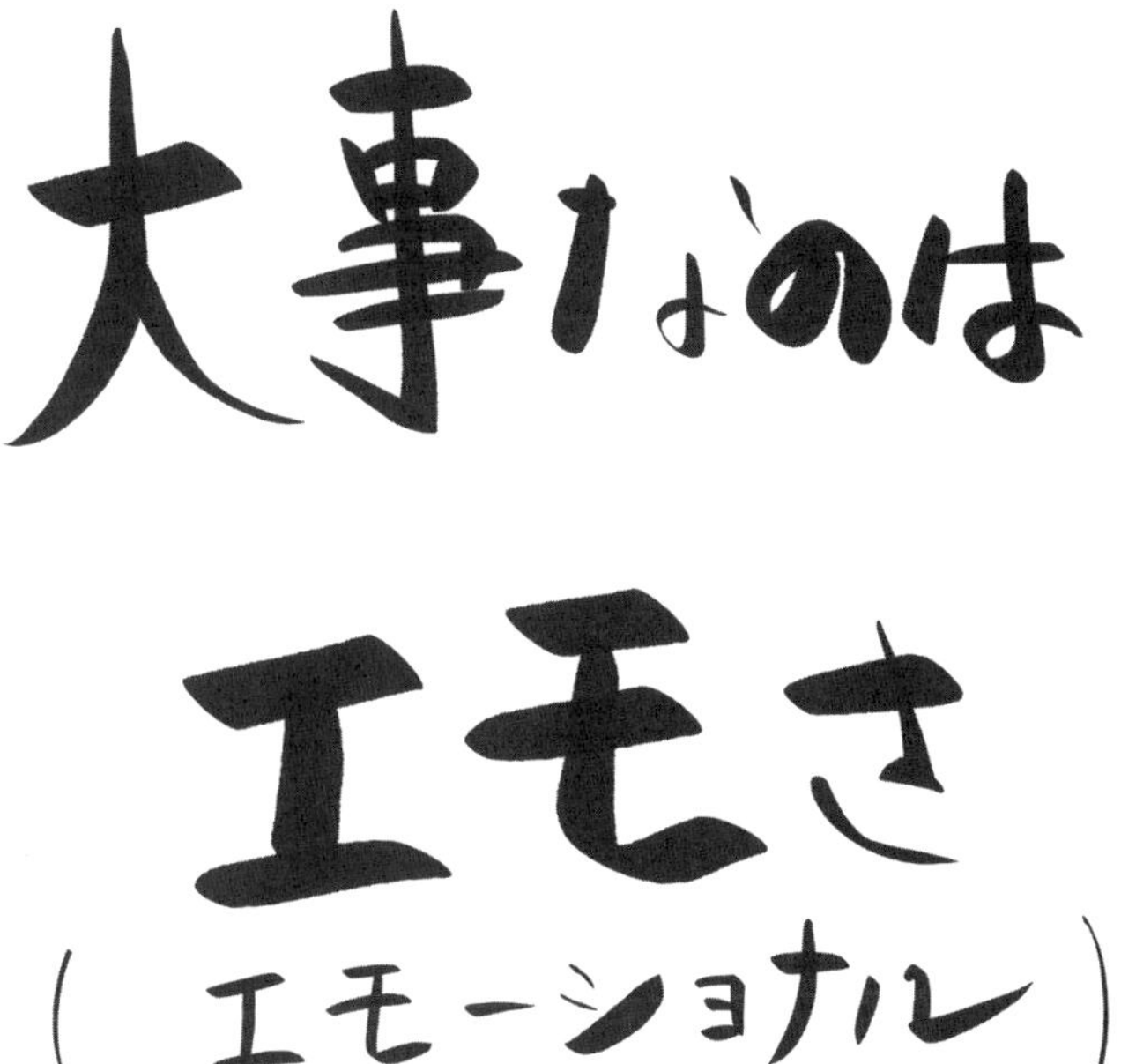

２０２０年の研究で明らかになっている。

お客様の理想の家づくりを、共感の気持ちを持ってチームで取り組むわが社にとっては、マイナス要素としか思えなかった。特にチームワークを必要とする連携業務においては、効果を発揮しない。この**対面コミュニケーションへの方向転換**によって、**クレームや社内の問題が激減**したことは、言うまでもない事実だ。

だが、このことに気づいた時点では、社内の人間関係は最悪。ここからどんなプロセスを経て、風通しの良い空気をつくっていったのか。僕の「もがき」を共有していく。

社長巡行が道をひらいた

僕が最初に考えたのは、本社の強化だった。10店舗ある拠点のうち、最も人数が多いのは本社だからだ。社員数70名のうち、30名ほどが本社にいた。そのため、本社を徹底的に磨けば、他の店舗にも良い影響が行き、全体のレベルが上がると信じた。

ところが、少しは効果があったかもしれないが、僕が思った以上の効果は得られなかった。効果が得られないどころか、マイナスに作用することも出てきた。本社だけが新しいことをどんどんしていくことになるので、他の店舗からすると本社の動きがよくわからない。よくわからないということは、「**社長が何を考えているのか、理解できない**」という声を増やすことに繋がり、「若手のモチベーションが下がっている」「**会社の方向性がよくわからない**」ということを何度も言われた。

「こんなはずではなかった」。何度もそう思った。

２０２０年度（社長1年目）は、Ｚｏｏｍで社員全員に対して、自分の言葉で届けることで、僕の考えを伝えることができると勘違いしていた。**オンラインでいくら伝えたところで何も伝わっていなかった。**「理解できない。考えていることがわからない。先が見えない」。そんなネガティブな噂も社内ではたくさん広まるようになっていた。「また誰か会社を辞めるんじゃないだろうか」「それに伴って、自分が店舗移動することになるかもしれない」そう思うメンバーは少なくなかったはずだ。

そんな時に中枢となるメンバーで、今後の会社の方針について話をした。**僕が持っていた課題は、「僕の考えていることが社員全員に伝わらない」ということだった。**僕が伝えるだけでなく、幹部のメンバーを通して伝えられるように、幹部のメンバーとのコミュニケーション機会を増やしていたのだが、それではもう手遅れだった。

何とかするしかないと思っていたところ、幹部メンバーから「社長が直接話をしに行ってくれると喜ぶメンバーが多いと思う」と言われた。それなら！　とやってみることにした。自分の口でそれぞれに考えていることを伝えに行く。そうやって各店舗を回ることを決めた。

宮城県内といっても、店舗と店舗の間が移動で1時間かかるところもたくさんあるので、1日では回り切れない。正直ほとんどが移動だ。それでも**直接会いに行って、自分の言葉で伝えることに意味がある**と考えた。これが**最悪な状況を好転**させる、大きな一手となった。

社員全員と文通をする

社長巡行で会社の課題がよく見えるようになった。店舗ごとの雰囲気や、店長の強みや課題なども肌感覚として理解することができた。店に行って話をする時間は、60分から90

分。最初は、すごく緊張した。**店のメンバーは、どんな気持ちで僕の話を聞くのだろう。**今現在でも会社を辞めたいと思っているメンバーがいるのではないだろうか。本音を話してくれることは少ないので、それでも**ベストを尽くす意識で回った。**

2回目を迎えた時に新たな壁にぶつかった。それは、店長の気持ちや考えを僕が理解していないことだった。店の店長とメンバーに、同時に話をしていたが、**店づくりの課題を一番感じているのは店長だと気づいた。**店の悩みや誰にも言えない会社への問題意識を、店長たちが自分の中にため込んでいることに気づいた。

そこで途中から改善して、社長巡行は、店長の話を直に聞きに行く機会と捉えた。そうすることで、各店舗ごとの成長課題が明確になり、店の業績の最大化、店の成長応援がより的確にできると考えた。実際にやってみると、なぜ今までやらなかったのかと思えるほど話が盛り上がり、「各店長は本当にベストを尽くしていて、会社のことを本気で考えている」ということを理解できた。

その頃からふつふつと、**社内にいるメンバー全員と話がしたい気持ちが強くなっていった。**しっかり対面で話を聞き、僕の口から伝えることができれば、「社長の考えていることが理解できない」ということはなくなる。1人ひとりの力や才能を充分に発揮しやすくなる。

だが、そう簡単ではない。70人と30分ずつ話しただけで35時間。さすがにこの時間をつくれるとは、思えなかった。

そこで思いついたのが文通だ。手紙だ。実際に会えなくても、手書きのメッセージなら送ることができる。月に1回のタイミングで、業務日報とセットで、各メンバーから振返りの文章が社長に届く。**「社長に対する手紙だと思ってほしい」**と伝えていた。それを僕が全員分読んで、全員に手書きでコメントを書く。

僕からすれば70人だが、メンバーからすれば社長は1人。**1人ひとりと本気で向き合うという姿勢**を手書きの文字に込めた。

PDFをLINEで送ってもらえればすぐに読めるものを、わざわざ手書きでもらうようにした。物理的なものを受け渡すということにも慣れておいてもらいたかった。何でもデータで送り、結果的にそのデータは誰にも見られないなんてことも多々あったからだ。

紙の本と電子書籍を2冊買う。紙の本は、部屋に積んである。目に見えるところに積んであれば、本があることは見えるが、電子書籍であればデータなので、本があることすら

図3　業務日報の例

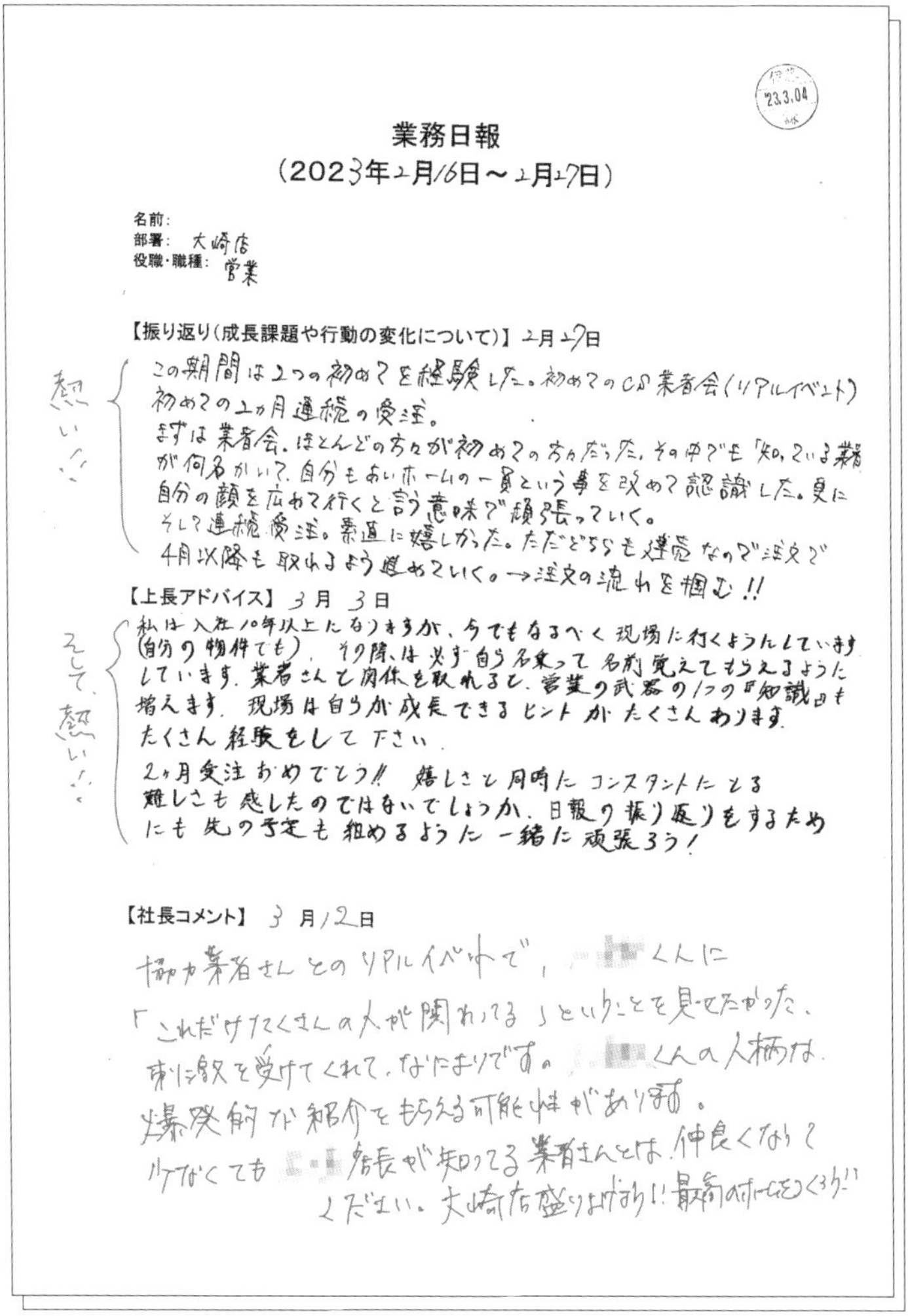
23.3.04

業務日報
（2023年2月16日～2月27日）

名前：
部署：大崎店
役職・職種：営業

【振り返り（成長課題や行動の変化について）】2月27日

熱い!!

この期間は2つの初めてを経験した。初めてのCS業者会（リアルイベント）初めての2ヵ月連続の受注。
まずは業者会。ほとんどの方々が初めての方だった。その中でも「知っている業者が何名かいて、自分もあいホームの一員という事を改めて認識した。更に自分の顔を広めて行くと言う意味で頑張っていく。
そして連続受注。素直に嬉しかった。ただどちらも運営なので注文で4月以降も取れるよう進めていく。→注文の流れを掴む!!

【上長アドバイス】3月3日

そして、熱い!!

私は入社10年以上になりますが、今でもなるべく現場に行くようにしています（自分の物件でも）。その際は必ず自ら名乗って名前覚えてもらえるようにしています。業者さんと関係を取れると、営業の武器の1つの『知識』も増えます。現場は自分が成長できるヒントがたくさんあります。たくさん経験をしてください。
2ヵ月受注おめでとう!! 嬉しさと同時にコンスタントにとる難しさも感じたのではないでしょうか。日報の振り返りをするためにも先の予定も組めるように一緒に頑張ろう!

【社長コメント】3月12日

協力業者さんとのリアルイベントで、[redacted]くんに「これだけたくさんの人が関わってる」ということを見せたかった。刺激を受けてくれて、なによりです。[redacted]くんの人柄は爆発的な紹介をもらえる可能性があります。少なくても[redacted]店長が知ってる業者さんとは仲良くなってください。大崎店盛り上げよう!! 最高のチームをつくろう!!

気づかない。だから僕は、紙で必ず提出するよう求めた。

全員と話せないなら、手書きの文章でコミュニケーションをとる。この手書きのメンバーからの文章から何度となく経営のヒントをもらった。自分の経営判断がどうメンバーに影響するか、かなり明確に理解できた。社員が100名未満の中小企業であれば、近いことができるはずだ。

特に、1年間ほとんど話すことのないメンバーほど、この手書きの文章でのやりとりは大事にしたほうが良い。**仕事の報酬は給料だけではない。「僕はあなたを必要としている」というメッセージも立派な報酬だと思う。**

デジタル化しすぎて、若手がどんどん辞めていく。僕も辛かったが一緒に働いていたメンバーの辛さや不安は想像以上だったろう。もうそんな気持ちには絶対にさせたくない。

新卒採用はやめる。中途採用へ

1人ひとりと向き合うことを決意して経営していると、企業の成長に必要なのは、デジ

図4　ストレングス・ファインダーの例

あなたの上位5つのCliftonStrengths
1. 最上志向
最上志向という資質を持つ人は、強みを利用して、平均的ではなく最高の水準を、個人ないしは集団において追求します。単なる強みを最高レベルのものに変えようとします。
詳細
2. 親密性
3. 学習欲
4. 自己確信
5. 慎重さ
あなたのフルレポートの表示

タルではなく「人の力」だということを痛感する。自分の失敗経験から導き出したことは、**企業にとって最も大事な戦略とは「人事戦略」**であるということだ。

マーケティング、ブランディング、財務、商品などあらゆる戦略が必要だが、究極を言えば、**人事戦略さえきっちりできていれば、全てが上手くいく**とわかった。

そして、**人事戦略の最も大事なコンセプトは、「適材適所」**である。部署ごとに必要な人員を配置できているかという「頭数」の話ではない。本当に得意なことを得意な分野に向けているのか？　苦手なことをさせてはいないか？　チームのメンバーの相性は良いか？　非常に奥が深い。

適材適所という理想を実現するために、過去に取り入れたことを3つ紹介する。

❶ストレングス・ファインダー

ストレングス・ファインダーとは、個人の強みを可視化するサービス。34の異なる才能から個人のトップ5の強みを特定する。これにより、天賦の才能を理解し、チームメンバーの相互理解を促して、長所に合わせた戦略立案ができる。

僕の場合は、「最上志向」「親密性」がトップ2の長所のため、それに合わせた経営や組織づくりを目指している。ストレングス・ファインダーの詳細は、『さあ、才能（じぶん）に目覚めよう　最新版ストレングス・ファインダー2・0』（日経BP日本経済新聞出版）をご覧いただきたい。

❷1on1

1on1とは、上司とメンバーの1対1のコミュニケーション機会のこと。目的は、メンバーの理解、成長促進としている。そのため、上司のための進捗確認や人事評価面談とは全く異なる。

図5　チームによるワークショップの様子

『シリコンバレー式最強の育て方――人材マネジメントの新しい常識1on1ミーティング』（かんき出版）の著者である世古詞一氏の、オンライン研修を社員全員で受講してから1on1ミーティングを実施した。「こういう時にしか話せないことがある」と、社内からはプラスな声が多い。

❸チームによるワークショップ

チームによるワークショップとは、社内の各部署での話し合いのこと。 わが社では年3回、4月と10月と1月にこの機会を設けている。相互理解を促すための信頼関係を構築する話し合いと、各チームのアクションプランを策定する話し合いとをバランスよく行う。司会進行は僕が全て行い、**話し合いから内容発表までを1日の中で行う。**

そうすることで、**翌日からすぐ行動に移せる。**


この3つを、まだやったことがない企業はぜひ試してほしい。現状よりもさらに生産性向上、利益増大が見込め、社内の空気はきっと良くなる。

具体的に人事戦略を分解すると、次の8つとなる。

1 経営幹部との相互理解
2 中間リーダー職への理解と配置とビジョン
3 社内メンバーへの理解と配置
4 採用
5 入社時初期研修
6 全体研修
7 コミュニケーションによる心理的安全性
8 人事異動をさせる時の作法

人事戦略の80％は採用に集約されると認識している。どんな人材が必要なのかを真剣に考えるからこそ、採用に成功できるからだ。**今いるメンバーにおける最高の適材適所を追求するからこそ、足りない人材が見える。**

その上で、どんな採用方式が自社に合っているか。僕が20代や30代前半の時は新卒採用が正解だと信じていた。「素直で良いヤツ」という採用基準で、わが社の価値観に染まってくれる人を採用し、育成をする。それをやってきた。

２０２０年5月に経営者となり、約3年経営した感覚としては、**新卒採用では環境変化に適応していないということがわかった。**３月に採用活動をして、5月か6月頃に内々定を出して、次の4月に入社してくる。内定を出した時に描いた未来と、実際に1年経った時点での現状は大きく変化している。つまり、**環境激変の中では、新卒採用は合わない。**

だから僕は、中途採用に一点集中することにした。**中途採用であれば、説明会をする必要もないし、1人ひとりと向き合える。**そのため、中途採用については僕1人で行っている。１次面接は社長面接。２次面接の段取りも全て僕が行う。

「社長がいきなり面接するとは思いませんでした」とよく言われるが、僕と価値観が合わないメンバーが入社することになると、お互いに不幸だと心から思っているのだ。実際に入社すれば、僕と一緒に仕事する時間はほとんどないのが現状だが、**「一緒に仕事したい」とお互いに思える人を採用すべき**である。

最後に、具体的な採用プロセスを紹介させていただく。リクルートエージェントという人材紹介会社1社とだけ契約をし、わが社の企業情報を掲載。わが社に興味がある方にオファーを送ったり、エージェントがわが社を推薦してくれて、履歴書が送られてきて書類選考を行う。ここまで一切費用はかからない。

書類選考は全て同じ書式なので、年齢や社歴などの「採用基準」をクリアする方はほとんど合格にする。そして、本社に来てもらい1次面接。ここでは、僕が面接をするのではなく、「わが社を面接される」という意識で徹底的に企業理解やわが社の価値観理解を促して、応募者の方の人間的側面をじっくり聞くようにしている。

1次面接合格の場合は、

「正直、あなたと一緒に仕事したいと思いました。ただ、入社後は僕と一緒に仕事する機会はほとんどない。そのため、**実際に一緒に仕事をすることになりそうなメンバーと2次**

図6　採用の極意

面接として座談会をしてみませんか？」

「ぜひお願いします」という方だけが2次面接へと進む。ここで初めて、候補となる配属先の店長に情報を共有し、座談会をセッティングする。**仕事がしやすいかどうかは、仕事の内容ではなく「一緒に仕事をするメンバー」で決まる。**

改めて座談会を実施し、僕はその場には一切入らない。最初の紹介をするだけだ。**座談会後に双方に感想を聞き、双方が「ぜひ」となった場合のみ、「内定」を出す。**この方式に切り替えてからは必要な人材を必要な時期に採用することができるようになった。採用の無駄は一切なくなり、入社後の戦力化までのスピードも格段に早くなった。

エージェントに支払う費用は、入社月の翌月末に想定年収の約30％を支払う。新卒採用に膨大な時間をかけ、研修に膨大な費用と時間を費やすことから考えれば、納得の金額である。心から中途採用をお勧めする。

デジタル時代の経営者の仕事は劇的に進化すること

デジタル化をしすぎた結果、直面したのは人の問題だった。デジタルトランスフォーメーションこそ、中小企業には必要な分野だと信じて、猛スピードで実現に走った。まさか自分が失敗の方向に走っているとは思ってもいなかったが、社内の変化や社内のネガティブな声から間違っているということを認めざるを得なかった。

今回の経験から言えるのは、僕がやってきたことは、**ものすごいスピードで失敗**したこと、**失敗から成功要因を発見し、会社にとって長期的に成功し続けるコツみたいなものを体得**できたことだ。

変化の激しい時代は、このプロセスが正解だと確信した。どんなことでも失敗を恐れずに圧倒的に実践する。答えのない時代を生きるには、まず失敗に向かって力強く走っていく。その失敗の中から、成功要因を見つけ出し、大きな気づきを得る。これを短期間でやらなければならない。

今現在も新しい分野に挑戦しているが、意識すべきことはたった１つ。スピードだ。**失敗するまでが早ければ早いほど、成功までも早い。**失敗の数が多い人ほど、苦難をくぐり抜けた経験が多い人ほど、不確実性の高い時代には活躍するのではないかと考えている。

経営者の役割は「応援」

失敗に向かって走っていくというのは、あくまで経営者の話である。これは経営者以外の経営幹部やメンバーにはできないことだ。誰だって失敗したくない。**経営者が経営幹部や中間リーダーにできることは応援**だ。

自分が決めた方向に全力で走っていきながら、一緒についてきてくれるメンバーやチームメンバーを大声で応援すること。**どんなことがあっても応援し続けること**。不安が多い中で、戦っているメンバーこそ、日々の声かけが重要になってくる。僕が先陣きって新しいことに挑戦し失敗から成功を見つけ出す。そして、チームを本当に正しい方向に導き、全力で鼓舞するのだ。

地域の役に立ち必要とされる経営をするために、「チームの単位」が重要だと気づいた。それが次に述べることである。

チームという単位に人格を形成させる

地域という限定されたエリアでビジネスをする場合は、「店舗ごと」にチームとしての人格を形成させる必要がある。法人にも人格があるように、もっと細かい単位で店にも人格を形成させるのだ。

本社の言いなりの店舗では、お客様から喜ばれる地域密着のサービスは生まれない。そのため、**適材適所を実現する人事を徹底的に考える。**メンバー同士の話し合いの機会をしっかりつくる。それぞれの店舗に合わせたマーケティング戦略や商品戦略を策定する。**会社全体の戦略と各店舗の戦略が相乗効果を生むように進めなくてはならない。**

店舗ごとに考えるのは非常に手間のかかることだが、最も効果的な時間の使い方だと思う。どの店舗に行っても同じサービスを受けられるという大企業に対して、その店独自のサービスを受けられる、という**地域密着ならではの強みを企業戦略としてやっていく。**

Dramatic Evolution

第2章

社内コミュニケーションの劇的な回復

第２章の要約

チャットなどオンライン通信でのコミュニケーションが当たり前の時代になった。この新たな技術により、遠く離れた人たちとの連絡が容易となった。デジタル社会の未来を信じつつも、文字だけでは伝わらず生じてしまった誤解や感情の伝達の難しさといった難題に直面せざるを得なかった。

自らの経験より、伝達の重要性を学び、チャットやオンライン会議の限界を超えようと努めた。しかし、これらの道具だけでは、重要な情報伝達に悪戦苦闘する。そこで、心に決めたのは「心理的安全性」の復活。良き風通しのある会社を再び築き、社内のコミュニケーションを活発なものにするため、己をさらけ出し、率直な交流を実践した。

僕の経営は、カレーの会を開催し、社内外の交流の機会を増やすことにより発展する。カレーの会は、社内外の障壁を取り払い、同士間の交流を促すことを目指すもの。さらに、空間の活用を実践し、社長室、ショールーム、倉庫を交流の場として新たに定義した。これにより、社内外の垣根を破壊し、より深き関係の構築を促進する。

音楽とダンスをメンバー間の交流に生かし、共通の趣味や興味を通じて、若手とベテランの壁を砕き、社内に居場所を創出。この一連の努力は、楽しいことを追い求め、会社としての正解を見出すための戦いである。このような経験は、チャットとオンライン通信の限界を超え、リアルの場での交流の重要性を学ばせてくれるはずだ。

チャットとＺｏｏｍの限界

ＬＩＮＥやMessengerなどのチャットサービスが生まれたことや、Ｚｏｏｍやチームズなどの**オンラインコミュニケーション手段が登場したことで、物理的な距離を超えた面白い未来になると信じていた。**

電話のように同じ時間を同時に使わなくてもやりとりができる。対面で話そうと思えば、どちらかが移動する必要があり、移動の時間がなければもっと時間がつくれるのにと何度も思っていた。新しいことに向ける時間をつくったり、家族との時間をしっかりとるためには仕事の時間を短くして生産性を高めなくてはいけない。パソコンやスマートフォンなど、テクノロジーの進化には感謝しかなかった。今でも、スマホは仕事の大部分を管理してくれていて、重要な役割を担っている。

ある時、LINEで社内のメンバーを怒らせてしまったことがあった。僕の気持ちとは違う捉え方になってしまう文面になっていて、相手からすると、心ない一言として受け取ってしまったのだ。僕自身がそんな失敗をしてしまうということは、社内でも同じような現象がたくさん起きているはずだ。そう思うようになった。

また、相手のことを気遣っているからだとは思うが、丁寧すぎる長文のLINEも面倒くさく思えてきた。「結局何が言いたいのだろう？」そういうLINEも多く、**「言った言わない」の問題はなくなるが、全てデータで残るのも問題**があるように思えてきた。人間の脳に「忘れる」という機能がついているのも、意味があるのだと思う。

そう言えば僕は、学生の頃から事務局の仕事をするのが好きだった。今でも経営者同士の学びの会では事務局を率先してやっていて、参加する皆さんが楽しめるように動くのが好きだ。

事務局をやっていると、多くの人とやりとりをすることになる。だから、メールで一斉送信をしたり、掲示板にまとめて情報を書き、皆さんに読んでもらったりと効率化を図る。

学生の頃の僕は、メールが大嫌いだった。文字を打つのが面倒くさいのと、相手の真意が、文字からではわからないことがストレスだった。スマホが進化して文字入力が簡単になって、**社会全体が文字でやりとりをすることに慣れたため、メール嫌いだった僕が文字を中心としたコミュニケーションに変化することになったのだと思う。**

徹底的にやってみて、会社が危機的な状況にある時や自分がどうしてもやり遂げたいことを伝える局面においては、ＬＩＮＥやＺｏｏｍでは社内のメンバーに届けることはできなかった。チャットやオンラインコミュニケーションにも限界があるのだと学び、より効果的な使い方ができるようになった自信がある。**僕のコミュニケーションは進化した。**

ただ、僕が気づいただけでは、社内コミュニケーションは活発にはならない。一度習慣づいてしまった社内のギスギスした空気は、本音でしゃべることを抑制し、嫌な噂話を増やし、何も手を打たなければマイナスに向かう一方だった。

僕がそこで大事にしたことは、「**心理的安全性の復活**」だ。もともとは風通しの良い会社だと言われていたが、「どこが風通しの良い会社だ」と僕自身も思うような会社になっていた。しかし、これを書いている２０２３年12月においては、確実に風通しの良い会社に変わったと自負している。最悪な状態から８ヶ月で、ここまで来ることができた。そのプロ

図7　心理的安全性

セスを共有させていただく。

トップが自分をオープンにする

まず初めに着手したことは僕自身が**自分をオープンにすること**だった。２０２３年４月の上期方針発表会という社内イベントで、**社員全員が戸惑うほどの社長講話をした。**その時の感想をアンケートで集めた。

「急に今までと違う感じだったので驚いた」
「謙社長、お帰りなさい」
「初めて本音を聞けたような気がしました」

こんな声をメンバーからもらった。メンバーにとっては、これまでと違った印象を持ったようである。先代社長から２０２０年にバトンを受け継ぎ、がむしゃらに走ってきた。

初めての経営だから、走り方が正しいのかどうかもわからない。ただ、それまで父親と一緒にやってきた10年間があったので、自分の考えは持ちつつも父親の経営スタイルをそのまま踏襲していた。なぜなら、組織内にいるメンバー全員が、それに慣れていて、経営スタイルを変えることに抵抗を持つと思ったからだ。

だが、それは裏目に出ることが多かった。父親が大事にしてきたやり方をそのままやっても、なぜか効果が出ない。社内のメンバーからは、「謙社長が何を考えているか知りたい」とまで言われるようになった。**本当に僕が思っていることを、オープンにして良いのだろうか。経営者となり2年が経つ頃、ものすごい葛藤があった。**

実は、この葛藤が良いきっかけを掴むヒントとなった。

企業ブランディングやマーケティングを仕事にしている友人に相談し、面白いアドバイスをもらった。「**PowerPointで自分の人柄を出しながら、多くの人に伝える方法があるよ**」と言われた。

それを聞いて、具体的に自分にしかつくれないスライドをつくった。著作権の関係でそのデータを公開することはできないが、**自分が好きな漫画の挿絵や好きな音楽のジャケットを詰め込んで、僕の葛藤や本音をできるだけありのままに表現**した。

全員の前で話す時は、まるで初めて人前で歌うミュージシャンのような気持ちで、僕の歌が本当に誰かに届くのだろうか。そんな不安や緊張の中で行った。

大きな内容として、「僕は父親とは違う」ということ。僕が「目指したい会社の理想像」。僕が「大事にしている価値観」。

このことについて、120％で伝えた。結果を伝えるということよりも、**僕の内面にある「葛藤」を意識してそのまま伝えた。**

僕も1人の人間だ。**自分の葛藤がわが社のメンバーの「頑張る理由」になるのであれば、見せるべきだと思った。**

飲み会ではなくカレーの会

僕は自分のことをオープンにしてから、どんどん社内のメンバーとのコミュニケーション機会を増やしていった。食事をする機会をつくることもあったし、社内会議の時間を増やすことにもなった。若手のメンバーとは一緒に田植えをしたり、サウナに入ったり、自分の休日をメンバーとの遊びの時間にあてることもあった。

その時に入社2年目のメンバーからは、**「こんなにフラットな関係の社長はいない」とも言われた。**そうやって**社内のメンバーとのコミュニケーション機会を増やせば増やすほど、社内にある「壁のようなもの」が見えてきた。**僕は「コロナがつくった隔たり」と捉えていて、その隔たりを壊す何か大きな手が必要だと感じ始めていた。

その隔たりは経営幹部にもあった。僕に対して距離を置く幹部社員。僕もそれを感じながらどう取り払うかを探っていた。

そんな時に経営幹部数名で食事の機会をつくった。まだ堂々とマスクを外せない時期だったと思う。その会食の中で、「おいしいものを食べている時はみんな笑顔になる」。それと、「食べる時はマスクを外す」。そのような話になり、「カレーをつくってみんなで食べる機会があったらいいんじゃないか」というアイデアが生まれた。

お酒も飲まないので、実現できる可能性が高いし、場所も本社の倉庫スペースを掃除して、即席レストランにすればできると思った。

僕の価値観として、若手にカレーをつくらせて食べるカレーの会ではなくて、会社のトップが自らカレーをつくり、みんなに振る舞う会にしたいと伝えた。

できるだけ地産地消にしたいという思いから、近所の肉屋さんから地元の肉を仕入れ、できるだけ生産者が見える野菜を買い、米も地元の米を使った。前身である「伊藤ベニヤ商会」時代から使っている「大きな鍋」を使いカレーをつくりたいとも思った。

場所も重要だ。建築で出る端材を使ってベンチをつくり、普段は建築材料を保管するところとしてしか使っていない倉庫をみんなで掃除をして活用する。**目的は社内の繋がりを強くするため**だった。そのためにはコミュニケーションをとる場や機会が必要だ。お昼の60分という時間だが、それで充分だ。

「最近どう?」という近況だけでなく、仕事の話になることもある。特に話すテーマなどは決めない。**話をする機会をつくることがとても重要**だった。

ここで話されることは、オンラインコミュニケーションでは省かれることだ。

実際にやってみると、材料の調達からレシピの決定、道具の準備、仕込み、当日の場所の設営、席を決めること、社内への発信など、やることは業務に加えて大量にあったが、少なくとも僕は楽しかった。なぜなら、やっと自分らしいことをやっているという実感があったからだ。**たくさん経営に関する本を読んで正解ばかり求めてやってきたが、自分らしさをどう出すかは考えてこなかった。**

図8　カレーの会の様子

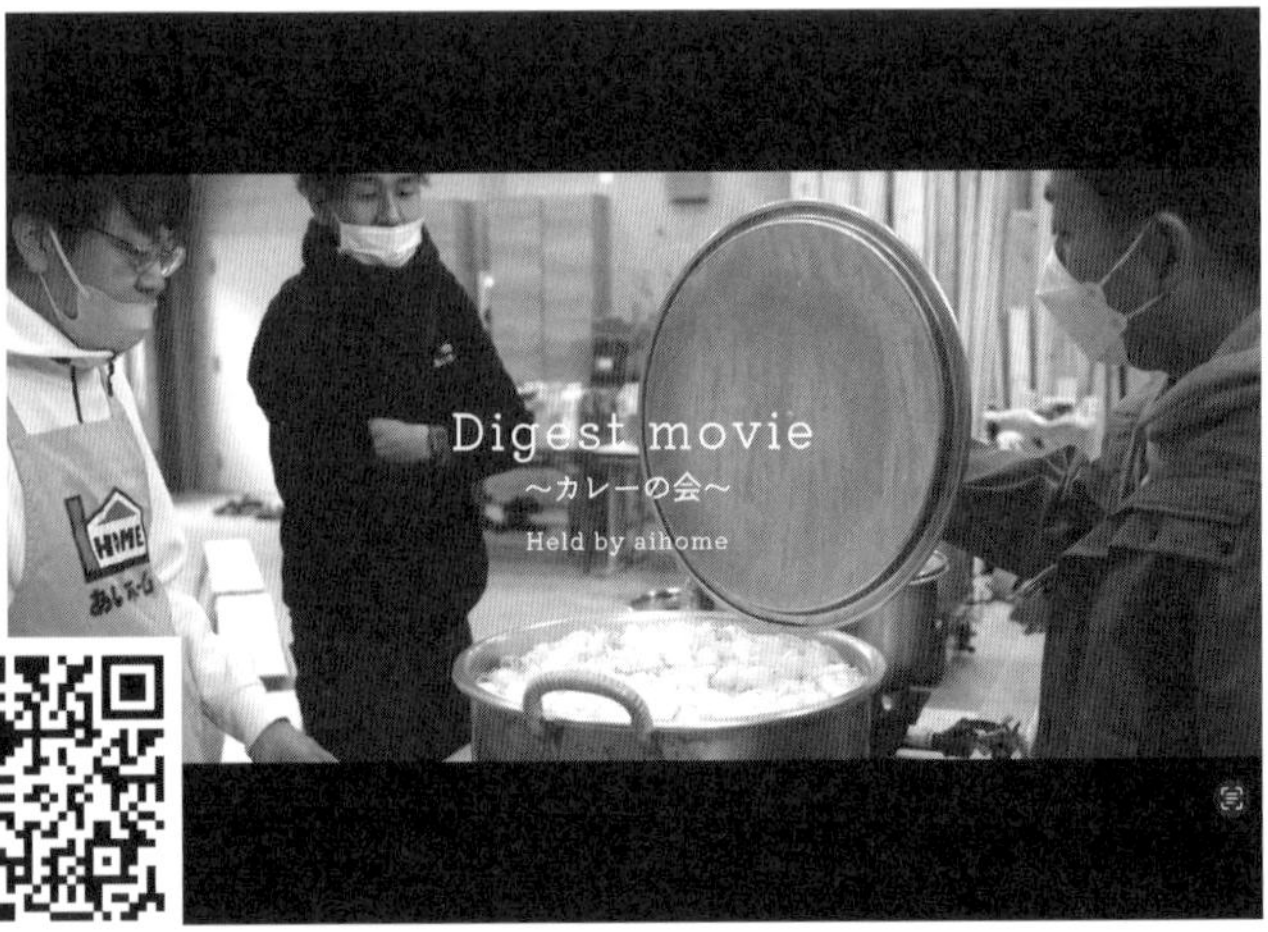

https://vimeo.com/user107028960/curryparty?share=copy#t=0

このカレーの会は今でも続いていて、ゲストを招いたり、会社全員で開催したりと進化していっている。参考にカレーの会の一部を撮影した動画を共有させてもらう（上記図を参照）。

最初は関わっていなかったメンバーが、料理が得意だからと途中から加わったり、モデルハウスの庭にある木を切ってきて、テーブルに花を飾ってくれたりするメンバーも出てきた。

全員のアイデアが生かせるイベントになっていった。後述するが音楽やダンスなども取り入れた。

「楽しい」ということは、1つの正解である。楽しいことの追求が、企業と

しての正解を見出すこともあるのだ。「楽しい」というのは、自分が好きなことであり、みんなが喜ぶこと。また１つ、自分の経営に近づいた気がした。

空間の意味を変える

もともと所有している「空間の活用」についても、コミュニケーションを良くするための視点と考え変えていきたい。実際に、社長室を面接会場としたり、ショールームを見せる空間ではなく、話すための空間に変えたり、本社を仕事をするスペースから地元を体験できるスペースに変えたり、倉庫は食事をするスペースにしたりと、様々な空間の意味を変えてきた。続けて具体的に紹介していこう。

◎社長室

もともとはミーティング用の４人テーブルと、電動昇降式スタンディングデスク、モニターという部屋だった。あくまで社長が事務作業をするための空間だったが、**僕はその空**

図9　リニューアルした社長室

間を社長の人間性を感じる空間であり、企業の方向性を示す空間に変えた。言葉を使わずとも伝えることができるからだ。

そこでやったのがスタンディングデスクを部屋から出して、大型天板のテーブルのみとした。サステナブルな取り組みの象徴であるＣＬＴ（直交集成板、２４４ページ参照）を使い、資源を無駄にしないで活用していく意思などを伝えるためだ。

おもてなしの気持ちや所作も同時に感じてほしくて、社長室で話す時にだけ出す特別な水やお茶を準備した。もてなす時に出すコースター、花を飾ったり絵を掛けたり、僕自身の人柄や人間性なども見た目でわかるようにした。クローゼットの中に収納していた大量の本も、社長室の外に書棚を置き、そこに並べた。いつでも見て良い。

こういう空間をつくることで、僕が自分で語ることなく、大事にしていること、読書を重要視していること、もてなしを大事にしていること、これらが伝わる。事務作業するという場所でなく、**自分を伝える空間へ。「今の社長」を伝える空間へと意味を変えた。**

◎ショールーム

ショールームも同じだ。正直、わが社のショールームは古いと社内の誰もが感じていた。

「ここに来るだけで、住宅に関する様々なものを見ることができる」というのは、5年前の価値観で、今ではスマホで何でも見られる。Web上のスピード感に現実のショールームは追いつかない。

では、**ショールームは何をするところなのか。**

それを本質的に考えた時に、お客様がわが社のメンバーとコミュニケーションをする場所だと明確に答えが出た。そのため、ショールームではなく、コミュニケーションルームとしての役割を担わなくてはならない。

そこで、まずやったのはオフィステーブルからの家具変更。そして、最も日当たりの良い、開放的な空間をセミナー室ではなくコミュニケーションをする空間にした。

それをしたことで、わが社のメンバーは積極的にお客様をその空間にご案内することになったし、以前と比べて話がしやすくなった。**必然的に初回面談や契約後の打ち合わせの満足度も上がり、受注実績や顧客満足度向上に繋がった。**

また、宮城県を感じる空間にすることも意識している。正面の壁には秋保石《あきういし》という宮城県でしかとれない、600万年前から800万年前の火山活動でできた石を壁に貼っている。

図10　リニューアルしたショールーム

「最高のホームをつくろう」というブランドスローガンを掲げ、理想のマイホームをつくること、最高のホームタウンをつくることをミッションとしている。

わが社にとって、地元宮城のことを知ってもらうことは価値あることだ。何より、わが社のメンバーがその秋保石を、地元宮城のものだと認識することになる。

ショールームからコミュニケーションルームへと役割を変えることで、今は何でもスマホで商品を見ることができるが、**お客様の本当のニーズである「コミュニケーション」の部分に貢献し、社員教育やブランド浸透を実現する空間**とした。一石二鳥の取り組みである。

◎倉庫

最後の具体的事例として、倉庫をパーティーレストランにした事例を紹介しよう。

もともとは社員同士のコミュニケーション機会として、前述のカレーの会で倉庫を活用することになったが、僕は**まだまだ倉庫の活用については可能性があると思っていた。**

倉庫の特徴として、空間が広いこと、フォークリフトで物を移動させやすいこと、あまり人目につかないところにあること、そんなところが挙げられる。その**特徴をメリットにする**ために、僕は社内イベントをするスペースとして活用できないかと考えた。建築の端材でつくったベンチや、材木をテーブルにすることによって、イベントスペースをわざわざ借りることなく全社員が集まるイベントがつくれると思った。

倉庫は1階と2階で構成されていて、鉄骨階段がそれを結んでいる。上下にまたがった立体的なライブ空間をつくれる。音楽やダンスなどもできると思ったので、早速やってみた。

実際にやってみて**一番良かったことは、倉庫がきれいになったことだ。**倉庫を掃除する目的は資材の出し入れをしやすくするため、つまり、仕事をしやすくするということだ。

ただ、そこで食事イベントをするとなると、話は違ってくる。細かいほこりやおがくずも気になるし、見た目の悪いものは排除される。工具の置き方さえかっこ良くなった。**空間の意味を変えることで、社内だけでなく社外のパートナーとの関係構築にまでプラスな効果が生まれた。**次で詳しく述べていく。

社内外の垣根を壊す

実は**「心理的安全性」というのは、社内だけの話ではなかった。**

「いつでも連絡ください」と、社外パートナーから言われていたとしても、気軽に聞ける関係にはなっていないことのほうが多い。

Ｗｅｂサイトの改善を例にとって話をしよう。トップページの一部分を改善すべきだということがわかった。トップページにあるバナーが多すぎて、お客様が欲しい情報がどこにあるのかわかりにくい。本当に必要なバナーに集約したい、減らしたいとわが社のメンバーは思っていた。

ところが、そう思ってはいても、自分たちでは変えることができない。社長も忙しそうだし、相談するのは少し時間を置いてからになる。

僕自身がWebサイト改善のボトルネックになるのは、できるだけ避けたいと思っていた。全てのことがスムーズに進むことを望んでいるのに、自分がスピード改善を阻害している。そんな状況にできるだけならないように、社外のパートナーと社内のプロジェクトメンバーをオンライン上で繋げるようにしていた。

しかしオンラインで一度話したことがあるという程度では、**「いつでも相談できる関係」には到底なっていない。それがたとえ本当に心から「いつでも聞いていいよ」と言われていたとしてもだ。**そういう悩みを社外パートナーであるアニューマの清野さんに話したところ、「実はウチもなんです」と内情を話してくれた。

クライアントの顔が見えないので、業務としてのプログラミングやコーディングになってしまう。決められた業務をこなすだけでは、本当に価値のあるサービスをつくることができないと悩んでいた。

そこで僕は、**本当に良いサービスを提供するには、サービス開発のプログラミングや**

コーディングというコア業務だけでなく、「パートナー企業とのコミュニケーション」にこそ、時間とお金（以下コスト）をかけるべきではないかと考え始めた。ちょうどその時、カレーの会が軌道に乗ってきており、社外のゲストを招いても楽しんでいただけるほどに慣れてきたのもあった。

「人数分の東京からの交通費を出すから、カレーの会に参加してみませんか」

そう提案した。これには驚かれた。僕らはクライアントなのだから、クライアント先に訪問する交通費は、一般的には仕事をもらう側が負担する。僕も今まではそう思っていたが、違うと思った。**意味のあるコミュニケーションをするということにコストをかけたほうが、全体の工数が減り、コストは僕らが交通費を負担したほうが減ると思った。**

実際にカレーの会に来てもらうと、わが社のSEである菊地は本当に喜んでいた。今まで自分1人では解決しなかった問題が、いとも簡単に解決した。**直接会って顔を見て話をすることで、東京と仙台という別々の場所で仕事をすることになっても、気軽に連絡をすることができる。**

結果はどうか？　僕の想定以上だった。仕事が格段にしやすくなり、プロジェクトの推進力が劇的に上がった。

次の章で、自社でシステムを開発することについて書かせていただいているが、これが実現できたのも、**社外パートナーとの心理的安全性を構築したから**だと思っている。

遠方から来てもらうだけの、「コミュニケーションイベント」（※カレーの会）を持っているか。カレーの会でなくても良い。ピザでも良いし、手巻き寿司でも良い。飲み会でも良い。社内のメンバーと社外のパートナーが自然に交流できる場が求められる。

これは東京の社外パートナーだけではなく、地域の社外パートナーにも同じことが言える。大工・足場・基礎・外構などの各協力業者にも、カレーの会には参加してもらった。

コミュニケーションが中小企業の競争力を生み出す源泉となることを僕は実感している。

では、このコミュニケーションイベントには、どんな

図11　自然と笑顔が出る担当者

わが社のSEの菊地直樹

要素が必要なのか。次項で、その核心について、話をしよう。

音楽とダンスを経営に取り入れる

人が人間関係を築く時に、最も簡単なのは共通点を探すことだ。新しく入社したメンバー同士で共通点探しゲームをしたり、趣味について話すワークショップをしたりするのもその1つ。僕がギクシャクした人間関係を復活させる時に、最初に使ったのはラーメンである。

宮城県のラーメンは非常に面白い。あらゆるジャンルのラーメンがあり、人によって好きなラーメンが全く違う。「宮城県と言えば」というラーメンはないのだが、バラエティに富んだ、個性あふれるラーメン大国だと認識している。**ラーメンが好きな人が多いことに気づいてから、初めて会う人全員にラーメンの話をした。**

「全然関係ない話で恐縮ですが、○○さんはラーメンお好きですか？」

という切り出し方だ。

この質問に対して90％の方が、「よく食べます。好きです」と答える。そして次に

「宮城県のラーメンって面白いですよね！　オススメのラーメン屋さんはどこですか？」

と、すかさず聞く。そこからラーメントークは、盛りに盛り上がる。僕はこれをやり続けたので、ラーメンに詳しい人と同じか、それ以上にラーメンに詳しくなった。もちろん食べに行くこともした。

全ての人にとって、食べることは興味のある共通のテーマ。共通の好きなものを意図的に経営に取り入れることができれば、もっと「心理的安全性」を構築することができる。

「共通の好きなもの」を食以外にも発見したい。僕はそう思って、「音楽」や「ダンス」も取り入れてみることにした。

倉庫でカレーの会をする時に、音楽の時間をつくることにした。カレーの会で音楽を演奏するわけだから、カレーバンドと名づけた。さらに、演奏や歌の苦手な人でも参加でき

るように、簡単な振り付けでできるダンスもやろうと考えた。これを「カレーダンス」と名づけた。

最初は、若手の社員ギタリストと社長ボーカルだけで、小田和正の『ラブ・ストーリーは突然に』を歌った。次の会ではＴＯＫＩＯの『LOVE YOU ONLY』を、僕と工事部の千葉で歌った。そして、その次の会では、モンゴル８００の『小さな恋の歌』を僕が歌い、その後に新人の九嶋がアンコールで登場して、僕と同じモンゴル８００『小さな恋の歌』を歌って、爆笑を巻き起こし喝采を浴びた。

回を重ねるごとに、バンドメンバーが増えていった。

「僕もそろそろやりたくなってきました」と、音楽経験者であるメンバーが一緒にバンドをやりたいと言ってきた。

基本的な流れは、歌う曲をイベントの１ヶ月前にチームに伝える。例えば、ブルーハーツ『情熱の薔薇』。イベント直前までに各自が練習して、前日に少しだけリハーサルをする。当日はぶっつけ本番に近い状態で演奏する。これで良いのだ。

実際にカレーの会で演奏している時の写真が次ページのものだ。この写真のドラムが工事部の滝田、ベースは加美店店長の喜多、ギターが設計部の菅井、そして、ボーカルが僕

図12　カレーの会でのバンド演奏

である。

音楽やダンス、そういう趣味の分野にあるものを経営に生かすことによって、若手とベテランの壁を壊すことにも繋がる。社長の人間性を社内に理解してもらう効果もある。また、若手メンバーの特技披露や活躍の場が増えて、社内に居場所ができるようになる。

これが月に1度程度のカレーの会で実現できるなら、やらない理由がない。机の上での話し合いよりも、ずっとチームワークが育まれる。

Dramatic Evolution

第 3 章

人事評価、目標達成における データ活用の盲点

第３章の要約

中小企業におけるデータ活用、人事評価、デジタルツール使用についての学びと教訓を語っている。データを活用することの大切さに気づいたのは、まさに新しい時代の到来を感じさせる出来事であった。

データはただの数字や情報にあらず、むしろわが社の戦略を練る上での「材料」のようなもの。これを適切に扱うことが、顧客サービスや経営の向上に繋がる。特に長期的な顧客サポートにおいては、正確なデータ管理が欠かせない。

しかしながら、わが社が試みた数値に基づく人事評価システムは、思わぬ問題を招いた。このシステムにより、評価されない項目に対する仕事への取り組みが後退し、社内メンバーの士気が低下するという事態に。このため、業績と人事評価を連動させることの危うさを感じるようになった。

業績との連動が評価に影響を与えることは、メンバーの意欲を削ぐことに繋がった。これに対処すべく、定期昇給の導入を提案し、メンバーの成長と顧客満足の両立を図ることにした。

また、数値目標の管理が必ずしもメンバーの行動を良い方向に導くわけではないことにも気づいた。そこで、アクションプランを立て、実行に移すことに重点を置くようになった。この方法により、より具体的で実用的な成果が期待できると考えている。

そして、顧客管理ソフトAの導入とその後の見直しについては、全てのビジネスニーズに対応するツールではないとの結論に達した。代わりに、自社開発のノーコードシステムへと舵を切ることに。この新しい方針は、わが社の成長を大いに後押ししてくれると信じている。

データとテクノロジーの活用の重要性を学んだが、それと同時に人間中心の経営アプローチとメンバーの士気向上の重要性も改めて認識したのである。

データを集めるだけでは行動は変わらない

中小企業経営で「データ」をどのように活用すれば良いのか。その答えを明確に提示させていただきたい。デジタル化を推進してきた今でも、「データとは何か」「データを活用する目的は何か」ということを考える機会をつくっている。

ズバリ、**データとは「材料」**である。しかも、何に使えば良いかわからない材料である。鶏肉やピーマン、人参のようなものだ。そしてその材料を活用することを考えた時、料理をするのとイメージが近いと考えている。

野菜炒めをつくるとなれば、それに必要な野菜（データ）を集める必要があるし、シチューをつくるとなればそれに必要な材料（データ）を集めることになる。

肝心なのはその料理を誰に提供するか。つまり、**データ活用を「誰に対してするのか」ということが大事**だ。

顧客情報や建築情報は、わが社の顧客のアフターメンテナンスのために活用している。建築後、10年経った時に家を少し直したいと相談されたとする。その時にすぐに10年前の建築情報を取り出せるかどうか。

どんな料理をするにも材料がなければできない。料理をしたいのに、何の材料も揃っていない状態であれば何もできない。だから、**日々のお客様との情報を入力したり、記録したり、履歴を残す業務がデータ活用する経営においては必要**になってくる。

アナログな紙にしか情報がないとすれば、10年前の情報を使うことはかなり難しい。データ活用こそ企業経営に必要だと信じて、それをわが社の「メンバーのため」に活用することを試みた。

しかし僕の予想とは反対に、マイナス効果を生み出してしまった事例もある。過ちを繰り返さないためにも、ここで僕の失敗をさらけ出そう。

人事評価のスコアリングシステムは大失敗

結論から言って、**「データによる人事評価」は大失敗**に終わった。

人事コンサルタントと共に作成した「人事評価ガイドブック」をもとに、独自にスコアリング（人事評価の点数をつける）の仕組みをつくった。顧客感動と社員成長が両立できる評価システムであれば、長期的に成功・成長に貢献するであろうという思いのもとにつくった。わが社が作成したスコアリングシステムを失敗事例として、まずは説明する。

半期ごとの評価とし、１００点満点中70点以上が、昇給あり。80点以上は、昇給２段階。

95点以上が3段階。40点未満は減給とした。その100点満点の点数は、全て計測できる指標で行う。**上司評価という、主観の入る曖昧な評価は一切入れなかった。**

そうすると何が起こったか。自分のやっている仕事は**「今の評価項目では評価されていない」と不満を持つメンバーが多く現れた。**

頑張る人をもっと評価したいと思ってつくったシステムなのに、逆の結果をもたらした。そこから、評価項目を見直し、できるだけ評価すべきポイントを外さないように心がけたところ、さらに大きな問題に直面した。今度は、**「私の仕事は数字では計測できない」というメンバーが現れた。**

確かにお客様とのコミュニケーション、建築現場の品質に対する意識、普段の電話対応など、**わが社が本当に大事にすべきところは点数では評価できないものが多かった。**ただ、上司が全てのメンバーの仕事を見て、適切な評価をできるとも思えなかった。

メンバーのモチベーションを上げようと思って、真剣に取り組んだ人事評価のスコアリングシステムだったが、逆にモチベーションを下げる原因になってしまい、申し訳ない気持ちで反省している。

特にデータによるスコアリングシステムの欠点を痛感した。**評価される項目は積極的に**

図13　人事評価の基準の例（一部）

［社外秘］　株式会社あいホーム

進化する
人事評価
ガイドブック
(更新2022.10.4)

HOME

2 評価基準

1. 評価方法と反映時期

①評価方法

職種ごと**100点満点**の
評価スコアを算出

②反映時期

評価実施時期と反映時期は、下記の通りとします。

人事評価時期：**4-9月データ／10-3月データ**

査定結果通知：4月給与明細／１０月給与明細

固定給：反映は**5月支給／11月支給**

賞与：反映は**７月／１２月**

黒字褒章：**4月**

5

行動することになるが、評価されない項目についてはやらなくなる。もっと正確な表現をすると、**本当に良いことなのに、評価項目に入っていないことで、良い仕事がしにくくなるという現象が起きた。**次の会話をイメージしていただきたい。

「会社を良くするために、電話対応のスピードを上げて、お客様からの要望に対しての受け応えのレベルを上げたい」

とメンバーが上司に話したとする。

その上司が、

「ふーん。でも、それ、人事評価では評価されないよ。もっと評価項目に入っていることをやったほうが良いよ」

こんなアドバイスをさせてしまうことに繋がる。これに気づき、スコアリングシステムはやめることにした。やめることは決めたが、その時点では、メンバーを評価してあげたいという気持ちに対しての良い策は思い浮かんでいない。その突破口を見つけるためのヒントをくれたのは、わが社の経理部長である中鉢だ。

決算書で生きているのは経営者だけ

人事評価の突破口のことを書く前に、勇気を持って言いたいことがある。きっと経営者の諸先輩方や経営コンサルタントの方からお叱りを受けるような内容だと思うが、僕は**「会社の業績と人事評価は連動させるべきではない」**と考えている。特に住宅・工務店業においては、契約をいただいてから売上となるまでに、６ヶ月から1年かかる。メンバーの頑張った仕事を評価するのに、６ヶ月先や1年先では時間がかかりすぎる。

経営者は1年3年5年10年30年と、常に未来のことを考える仕事なので、今年の業績の数字が良くても悪くても、１年前の行動や意思決定を反省することができる。

ところがメンバーからすれば、そうではない。**今やっている仕事は、できるだけ短い期間で評価されなくては、仕事のやりがいを感じづらい**はずだ。

また、業績が良い場合と悪い場合、どちらも考えておかなくてはいけない。

高度成長期や多くの会社が右肩上がりの時代であれば、とにかく会社の決めたことをやりさえすれば、結果はついてきていたはずだ。今の時代は決められたことを真面目にやっても結果が出ないことが多い。業績に貢献できなければ評価されない。**業績が悪化している時こそ、「メンバーの圧倒的な実行力」が必要**なのに、なかなかそうはなっていない。

行き着いたのは、どんな評価をしたとしても、メンバーの仕事を評価しきることはできないということだ。頭の中は答えが出ないまま問題意識だけが強くなっていた。

ただはっきりしているのは、「顧客感動」と「社員成長」が両立するものであれば良いという思いだけだった。

そんな時、月に1回の月次決算報告を経理部長の中鉢から受けていた。人事評価についての課題意識を相談していた時の会話で、「定期昇給」というアイデアが出てきた。

その瞬間、僕の頭の中で何か大きな気づきがあった。「定期昇給はありかもしれない」。「**仕事にかけた時間が成果と比例する**」のであれば、何を評価するかなどは考えずに、**「1年間わが社で仕事をやりきったこと」を評価しても良いのではないか**。

つまり1年間わが社で働いたということは、必ず何かしらの「社員成長」をしている。

図14　圧倒的な実行力

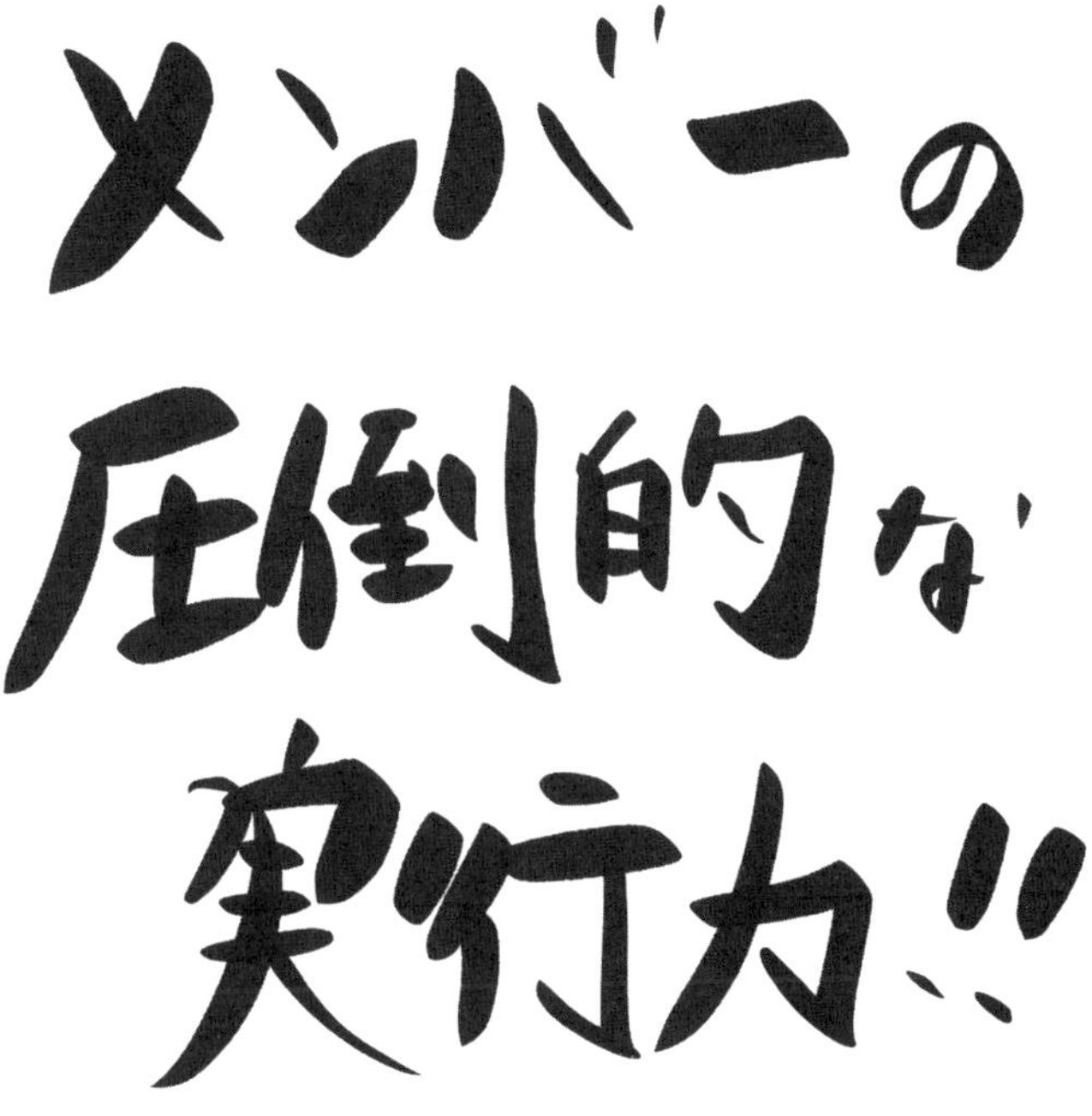

そしてそれは、必ず「顧客感動」に結びつく時間になっている。**社員成長、顧客感動に全社員の時間が100%向けられると、好業績が生まれる。**

そう考えた時に、1年という勤続時間に対しての「定期昇給」は理に適っていると思えた。

もしかしたら、業績が良い年と悪い年があり、決算書上で見てみれば「給料なんて上げられない」という時もあるかもしれない。それでも、経営者の意思決定として**「定期昇給」という選択肢は、メンバー1人ひとりの力を最大限に引き出す手段になり得る**のではないかと思った。2023年12月には覚悟を決め2024年1月の仕事始めに、全社員の前で「定期昇給」を宣言した。

これからのわが社が成長に向かうのか、それとも落とし穴が待っているのか。ぜひ見ていただきたい。**僕が狙っている効果がどの程度インパクトを与えるか見せたい**と思う。

正直、メンバーからすれば、決算書という社長の成績表のために働いているのではない。僕も決算書のためにメンバーに働いてもらっているわけではない。決算書が僕の経営の成績表であることからは逃げるつもりはないが、変化の激しい時代に、業績連動型の人事評価では成果を生み出すことは難しいと考える。

人事評価の突破口とは、定期昇給である。このことがどのような進化をもたらすのか、ワクワクしている。

未達成か達成しかない世界はつまらない

２０２０年、僕は数値目標を管理することが正しいと思っていた。来店数、カタログ請求数、次回アポイント契約率などを前年と比較し、パーセンテージで物事を見ていた。会社全体を把握する上では間違いではない。ただ、**メンバー1人ひとりが行動したくなるか？　という観点**で見ると、答えは別のところにあった。

「目標管理を数値データでどう行うべきか？」このことに大きな課題意識を持っていた時に、トンネルの出口なるものを見つけるきっかけとなったのは、ダイナトレックの佐伯卓也さんと佐伯慎也さんとの会話だった。

株式会社ダイナトレック（https://www.dynatrek.co.jp/）は、日本中の地方銀行に経営管理システムを提供する事業を行う、金融業界に特化した老舗ＩＴ企業である。**デジタル**

活用は、１つの業界だけの話ではないため、様々な業界の方との意見交換は欠かせない。

「数値化した内容を社員さんが見た時に、どんな気持ちになってもらいたいですか？」

「そして、どんな行動をとってほしいですか？」

そう質問された時に、「もっと頑張ろう」とか「仕事が楽しい」と思ってもらいたいということに気づいた。

最初は、**「メンバーが頑張っていることに光を当てたい」と思って取り組んだ数値化も、いつの日か「経営者が自分のために管理する数値」になっていた**のだ。それでは、メンバーの心は動かず、行動にも繋がらない。**「そうか！　データ活用の先にあるのは、やはり人なのだ！」**と大きな気づきをいただいた。

チームで大きな成果を上げようとする時、数値目標が「達成されるか、未達成に終わるか」は、ただの結果にすぎない。**目標の先にあるものが、「達成」か「未達成」だけであれば、みんなで実現したいほどの面白い未来は共有できない。**

それにもかかわらず、数字目標を各人や各チームから集め、それが達成されるかどうか

図15　データよりも大切なもの

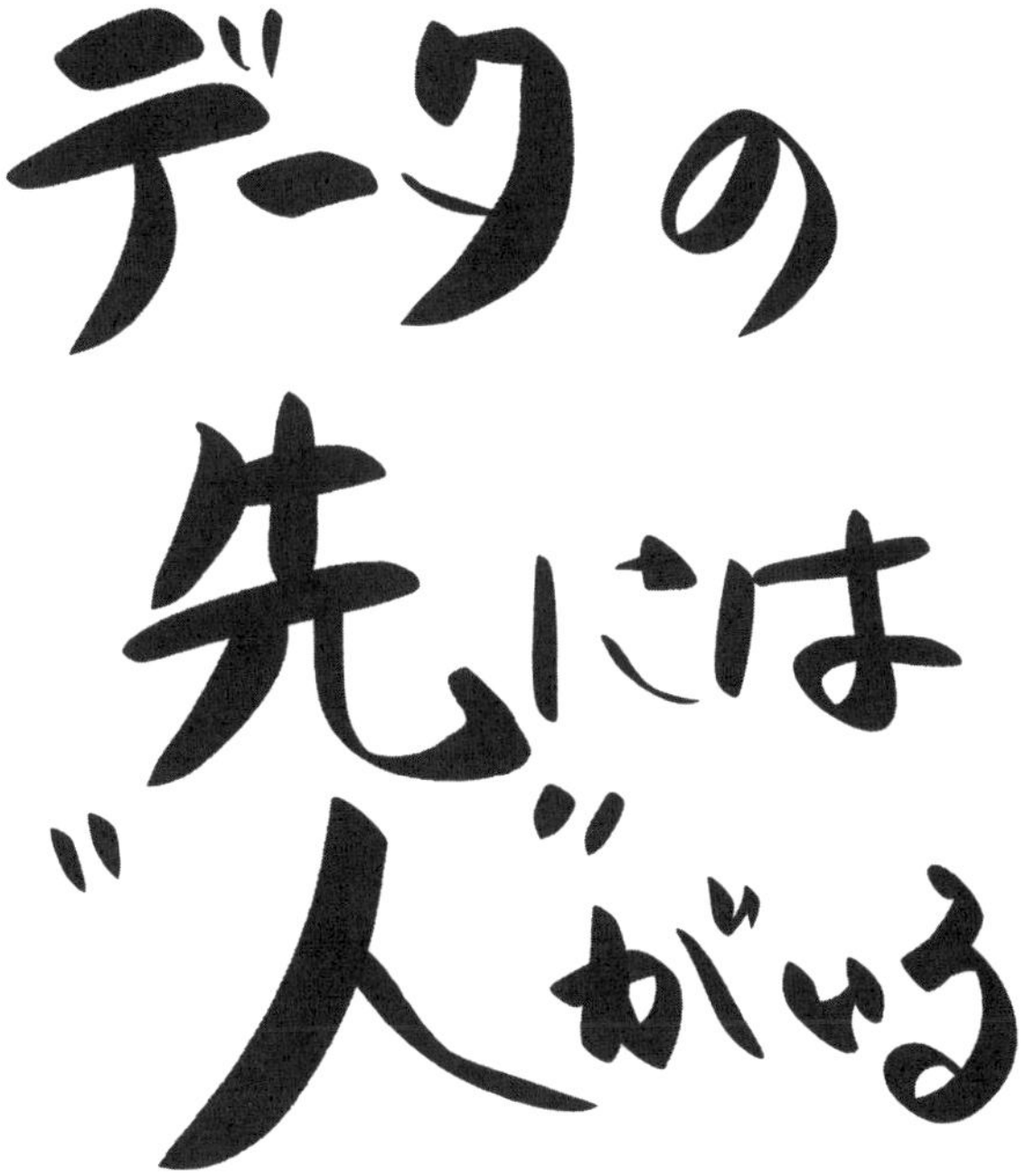

というゲームを2年半続けていた。手応えはなかった。この目標数値のデータ管理がメンバー1人ひとりの行動にプラスの影響をもたらしているとは思えなかった。

また、僕が実現したい数値目標を各店舗に割り振ることにも違和感を覚えていた。なぜなら、数字を割り振っただけでは、「実現できる気がしない」からだ。僕が与えた数値を達成するために各チームが死に物狂いでアイデアを出して、実行するとは思えなかった。

その時、もう一度原点に立ち返った。

お客様の声に耳を傾けてみると、数値目標とは別のことで喜ばれている。**わが社のメンバーの「些細な対応」や、家づくりに「尽くす姿勢」、そして会社の取り組みを評価していただき、家づくりのパートナーとして選んでくれている。**数値目標を立てたから売上が上がるのではなく、**お客様に対して「どんなアクションをするか」**によって、売上が生まれることに気づいた。

そうなると、やるべきことは数値目標や方策を立てることよりも、**お客様に対する「アクションプラン」こそが鍵を握る。**そのことに改めて気づいてから、大きな変化が生まれた。

行動したくなる目標の立て方

数値目標よりも「明確なアクションプラン」のほうが何倍も重要である。極端に言えば、数値目標は忘れても良いが、アクションプランだけは必ず覚えておいてほしいと思うほどだ。**売上拡大や利益増大を実現するには、圧倒的なアクションが必要**である。目標数値をいくら頭に叩き込んでも、アクションプランが明確になるわけではない。

営業・設計・インテリアコーディネーター・現場監督など、チームで仕事を行う場合、アクションプランづくりはチームでしっかり話し合う時間が必要だ。個人のTo Doリストやタスクリストでは、他者との関わりがある仕事はコントロールできず後回しにされがちであり、自分1人で完結できる仕事のみが優先的に実行される。

少なくとも半年に一度はアクションプランを明確にするための立案会議を2～3時間とる。さらに3ヶ月経過した時点で、そのアクションプラン自体が正しかったかどうかを見直す。そうして**成果に結びつくアクションプランを考え続ける習慣をつける**べきである。

図16　目標達成シートの例

2023年下期　仙台若林店　目標達成シート

のぼり（月1回更新）	看板／横断幕（3カ月に1回）	万国旗（四季に併せて）	Instagram（週1回）	YouTube（2週間に1本）	Twitter（毎日）	"くつろぎ"体験（平屋）	"学び"体験（高品位）	"暮らし"体験（コンパクト）
路上清掃（月1回）	ビジュアルの強化	バルーン／赤・青・黄（月1回）	予約／資料請求対応（即日対応）	ＳＮＳで集客アップ（自発的投稿促進）	レッドカーペット・デカイ鍵（感動の引渡）	制振＆気密を体験するショールーム	体験できるモデルハウス	キッズ映えフォトランキング（毎月）
草取り、クモの巣、猫のお土産対策	落ち葉対策の実施	お掃除ルームツアー（月1回）	ＨＰ（スタッフ登場でイメージの湧く）	ブログ（人となりのわかる）	ＬＩＮＥ公式による情報発信※社内	定期イベントの開催（季節ごと）	DIY体験（キッズが喜ぶ）	バーベキュー＆アウトドア体験
ミステリーショッパーの実施	キャンペーン情報収集	カタログ収集	ビジュアルの強化	ＳＮＳで集客アップ（自発的投稿促進）	体験できるモデルハウス	スタッフ紹介（自己紹介カード）	ＬＩＮＥ　ＱＲ入りチラシを渡す	初回しくみの見直し
飲食店お勧めマップの作成	競合他社の研究	比較表の作成	競合他社の研究	全員営業で受注1棟/月の達成（契約まで全員参加）	次回アポの取得	電話応対の検討と実施	次回アポの取得新規来場６０%	初回ロープレの実施
初回アンケートの見直し	ご契約後のお客様へアンケートにて競合情報収集	お勧めセットオプションで対抗	魅力あるスタッフになる	感動の土地提案	チームワークを発揮する	建築のながれ資料の作成と実施	メンバーズカードの作成と実施（打合せ事ハンコ）	あいホームの特徴チラシの作成と実施
社会人としての心構えを学ぶ	お互いに身だしなみをチェックする（毎日）	挨拶の基本を知り徹底する	地元不動産会社へ営業	大手不動産からの自動情報収集	専用メールアドレスの作成（社内共通）	業務のムリ・ムダの検討と精査	ＬＩＮＥルールの検討と確率	朝礼再徹底（スケジュール共有はマスト）
ボランティア活動（3カ月に1回）	魅力あるスタッフになる	机上の整理整頓	お勧め土地にパース作成して掲示	感動の土地提案	"土地さがし"スライドの作成と実施	1棟受注ごとにケーキでお祝い（経費）	チームワークを発揮する	セールスフォース予定の共有
社外の勉強会実施（2カ月に1回）	目標とする人物像の設定と公表	エンジェルリポートの実施	お勧め土地にお勧め間取り作成して掲示	近隣カフェ仕様マップ（外壁やドア）	土地資料コーナーの設置	ダッシュボードの作成と運用	フィーカの実施（声をかけあう・話し合う）	店舗ミーティングの実施（月曜日朝）

また、数値目標とアクションプランとの違いは達成感にある。数値目標の場合、運や外部の影響で達成されることもある。

一方、**アクションプランの場合は実行したかどうかがはっきりし、やり切った場合の達成感は格別**であり、それがチームで共有されると喜びは大きい。

ただし、「やり切ればいい」というものでは決してない。過去に考えたアクションプランが常に正しいとは限らないため、アクションプラン自体が未熟であることもある。計画したプランを、「やるべきではない」場合もあるということを認識する必要がある。

ここで伝えたいのは、自社のメンバーが**「行動に移しやすい目標の立て方」が正解であるということだ。行動に移しやすいということは、良い成果が出るか、上手くいかなくても失敗データがとれる。**数値目標をつくってデータ管理しても、なかなか成果に結びつかない場合は、目標の立て方を見直すべきである。

高額な顧客管理ソフトはいらない

業績拡大や企業成長を目指し、クラウドベースの高額な顧客管理ソフト（以下、顧客管理Ａ）を導入して４年経った。数値目標をつくってデータ管理をするために、「顧客管理Ａ」を必死に勉強しながら導入し、何とか活用しようと試みた。

導入・運用したことで多くを学んだが、「企業成長や業績拡大を実現するために顧客管理Ａは必要ない」というのが結論だ。なぜなら、顧客管理Ａがお客様から選ばれるわけではないからだ。

ただ、顧客管理Aを活用してみて、ダッシュボードの重要性、レポート機能、物件IDによる社内データ活用において、多くの知見を得ることができた。一部の機能は使っていて、わが社の業務フローにはしっかり組み込まれている。

それでも、年間にかかるコストは、利用している程度からすると正直高く感じていた。もっと経営にインパクトがあると思っていた。モヤモヤしながらも、月日は流れた。

希望の光が見えたのは、わが社のDX室・菊地が成長したことだ。菊地は顧客管理A運用と自社開発したノーコードシステム運用を担っていた。

ノーコードシステムとは、プログラミングができなくてもシステムやアプリをつくれるシステムのことを呼ぶ。そのノーコードシステムで、「設計プラン依頼アプリ」「現地調査依頼アプリ」「エクステリア設計アプリ」「引渡後の顧客管理システム」「協力業者管理システム」などと、**実際に社内メンバーが「つくってほしい」と要望を出したデジタルツールを次々につくっていった。**

新しい自社専用のデジタルツールをつくる中で、菊地が強く課題意識を持っていたことは、データベースが二重に存在すること。顧客管理Aとノーコードシステムの両方にデータがあるため、データ入力の手間が多いことや、データの不一致に頭を悩ませていた。

図17　自社開発したシステム

僕も**顧客データはわが社の資産であり、顧客データの品質そのものが顧客サービスの品質と直結**すると考えていた。２０２２年７月から、「何とかシステムを１本化したいよね！」というゴールに向けて、経営者の僕とデジタル担当の菊地が意気投合し、動き始めた。マスターデータの概念、データベース設計、クラウドサーバ構築を一緒に学んだ。

そしてついに、２０２３年10月。「ウチが使っている部分であれば、顧客管理Ａと同じものがつくれる」と菊地が言い出した。その応援として、社外の強力なパートナーによるデジタル伴走支援をつけた。

デジタル伴走支援とは、社内のＤＸ担当

者のマンツーマン家庭教師のようなサービスだ。入社4年目・菊地の熱い気持ちを受けて、僕は顧客管理Aを卒業する決心をした。「次の契約更新は2月。何が何でもやめる！」と菊地に伝えながら笑った。

顧客管理Aは、わが社の顧客データを扱う基幹システムである。顧客管理Aを卒業するということは、現在このシステムを使い慣れているわが社のメンバーから大きな不満がでる可能性もあるし、業務に支障をきたすリスクもある。**それでも、自社開発のシステムでやりたかった。**菊地の気持ちを受け止め、できると思った。

マスターデータの設計方法、外部データベースの構築、各アプリケーションの連携など、**何度もA3の設計図面の裏面に僕がマーカーで概念図を書きながら話し合った。**その結果、**たった5ヶ月で顧客管理Aを卒業するだけのシステムが完成**した。

その間、菊地とは毎日LINEをしていた。「とにかく毎日一歩でも前に進めよう！　時間をとれなかった日は、『悔しい！』とだけでもLINEし合おう」と、毎日を過ごしてきた。

今回のノーコードシステムでの自社開発は、企業成長を大きく後押ししてくれるはずだ。10年前は、自社でシステム開発など想像もできないほどアナログな活動をしていたが、**こ**

の10年のテクノロジーの進化とわが社の変化を振り返れば、「劇的な進化」と言っても過言ではない。

さらに進化は加速する。声高に言おう。高額な顧客管理Aはいらない。

コラム

デジタル伴走支援とノーコードシステム

自社でシステム開発ができた一番の要因は「**デジタル伴走支援**」にある。伴走とは、走る人の側について一緒に走ることを指す。あくまで走るのは「社内のデジタル担当者」だが、**詳しい人がついていてくれるだけで、自社開発は加速的に進む。**

実はこのデジタル伴走支援のことを知ったのは、４年前に僕自身が顧客管理ソフトの初期構築をした時だった。何もわからないところから始めたので、毎日毎日壁にぶつかっていた。そんな時に構築を支援してくれるベンダー企業の社長が、毎晩オンラインでサポートをしてくれた。夜中に１日の問題を解決して、朝から次の課題が溜まっていく。また夜に、その課題を解決する。それの繰り返しであった。

時を経て、わが社にもデジタル担当が入社し、4年目になる。もう僕自身がシステム開発に四苦八苦することがなくなり、わが社のDX室・菊地が1人で取り組んでいる。

一番の悩みは、壁にぶつかった時に相談できる人がいないことだった。**社内のシステム担当は孤独**だ。せめて僕自身が菊地の応援をしようと、毎日LINEでフォローしていたが、技術的な支援は難しい。

そこで、2ヶ月に1回の**デジタル伴走支援をアニューマの清野さんに依頼**した。清野さんは、**経営者であると同時にフルスタックのエンジニア**である。フルスタックというのは、表向きのWebサイトもできるし、インフラなどの構築もできる。簡単に言うと、**ITに関しては「何でもできる人」**ということだ。

さらに、どんな人ともすぐに人間関係を構築できる。IT技術者には、なかなかいない人間的魅力がある。だからこそ、社内のデジタル担当者の悩みを的確に捉えて、適切な伴走役を連れてきてくれる。

課題にぶつかっている菊地の隣に座って、一緒にシステム開発を進めてくれる。これをしたことで、システム開発のスピードは何倍にも加速した。まさに劇的な進化である。

また、ノーコードシステムの進化も見逃せない。プログラミングを覚える必要なく、コードを書かずにシステムを構築するノーコードアプリを使って、社内システムをつくることができる。本当に難しいところだけは社外に依頼するが、普段のちょっとした修正は自社でできるようになった。

家にたとえれば、ちょっとした家の不具合であれば、自分で直すようなものだ。床の傷や網戸交換のようなものである。床の傷を直すキットや網戸交換を簡単にできる道具はホームセンターでも売られている。**それがＷｅｂの世界でも起こっている**のだ。

実際に社内にデジタル担当がいるのであれば、ぜひ**デジタル伴走支援サービスを活用す**ることをお勧めする。社内のデジタル化が飛躍的に進むこと、間違いなしだ。

Dramatic Evolution

第 4 章

企業ブランディングで意味のある会社へ

第4章の要約

企業ブランディングにこのように深く関わることになるとは、僕自身想像し得なかった。ブランディングと言えば、大企業が行う事業の一環としてのみ認識しており、中小企業には縁のないことと考えていた。

しかし、佐賀県での経営者合宿にて、株式会社クロマニヨンの小柳俊郎さん（以下、小柳さん）のセミナーに参加し、企業ブランディングについての新たな認識を得た。ミッション、ビジョン、バリューの策定に取り組む中で、自社の根底にある価値を見直す機会を得た。

ブランディングの真髄は、企業の生産性を飛躍的に向上させることにある。お客様に選ばれる力、応援される力を高めることは、企業にとって計り知れない効果をもたらす。お客様の選択、採用、クチコミの増加、意思決定の迅速化、利益率の上昇など、企業に多岐にわたる効果を与える。

木材価格の高騰、いわゆるウッドショックに直面した際、価格を上げるという大胆な決断を下した。ただし、単に価格を上げるだけでなく、付加価値を高めることに注力したのである。建物の耐震性能や気密性能の向上に取り組む一方で、ブランディングの重要性にも目を向けた。

企業ブランディングにおける言語化プロジェクトを社員全員で行い、「最高のホームをつくろう」というブランドスローガンを策定した。このスローガンは、人事戦略、社員育成、採用力の向上など、経営の様々な面で大きな効果をもたらした。

ロゴの変更も検討したが、最終的には60年以上の歴史を持つ現ロゴを維持することにした。信用、愛着に重きを置く決断であった。

ブランドスローガンを基に、ＳＤＧｓ活動やマーケティング活動など、様々な分野でビジュアル展開を行う土台ができた。言語化の過程での苦労が、想像以上に豊かな世界へと導いた。ブランディングに力を入れることで、全てを網羅することが可能となり、中小企業にとってのブランディングの重要性が明らかとなったのである。

中小企業こそ企業ブランディング

自分がここまでブランディングにのめり込むとは思いもしなかった。それぐらい**企業ブランディングというのは、中小企業ではなく大企業がするものだと思っていた。**

ロゴをかっこ良くしたり、看板をかっこ良くしたり、おしゃれなＷｅｂサイトをつくる。そういうことが中小企業経営に絶対に必要だとは思えなかった。

そんな僕が佐賀県での経営者合宿で、クロマニヨンの小柳さんから企業ブランディングのセミナーを受けた。それまではっきりと捉えることができていなかった**ブランディングというものの本質的なことを聞き、胸を打たれた。**

「これは中小企業に絶対に必要な分野だ」と思い、すぐに小柳さんに話をもっと詳しく聞きたいと連絡をして、1対1で話をする機会をいただいた。何もわからない僕の話を丁寧に聞いてくれて、企業ブランディングについての理解を深めてくれると同時に、僕自身も気づくことがなかった**わが社の本質的な価値について考えるきっかけ**をいただいた。

最初の宿題は、**ミッション、ビジョン、バリューという３つ**を考えることだった。

図18　中小企業とブランディング

図19　クロマニヨンのブランド理念体系

CROMAGNON&Co.

PURPOSE & IDENTITY

すべての人々に、意味ある社会を。

クロマニヨンは企業や事業、商品におけるブランドの本質を、
多くの共鳴するクライアントとともに追求し、
そこに関わる人々がしっかりと意味を感じて生きていける社会を目指します。

PURPOSE.

強い意味を持ち、深い共感を得るブランドを
ひとつでも多く世の中にもたらす。

IDENTITY.

── ***Authentic***　本物、本質を追い求める。
── ***Alternative***　迎合せず、常に違いを探し求める。
── ***Aggressive***　前向きに、魂で向き合う。

すぐに自分と向き合い言語化して、自分なりには「これだ！」と思えるものをつくって小柳さんにぶつけた。そこで初めて**自己主張型のミッションとパーパス型のミッション**があることを知った。

僕が考えていたことは、自分たちがこうしたいという自分たち側からの目線だった。それだけでは世の中に受け入れてもらうことは難しい。

自分たちが発信することそのものがやりたいことであり、そして世の中が求め続けるものであること。つまり、**社会的に意味のあるもの、地域にとって意味のあるものでなくてはいけな**

い。そこに気づいた。

そして、**企業は人**だ。僕だけがそれを考えていたのでは、70人のメンバーが同じ方向に進むことは難しい。**社員全員が同じ方向に向かっていくためには、このミッションを全員でつくる必要がある。**そういう考えに至り、企業ブランディングにおけるパーパス策定について小柳さんに依頼することにした。

ブランディングの圧倒的生産性

ブランディングの力は、選ばれる力とも言えるし、応援される力とも言える。これは何となくふわふわしたものではなく、企業の生産性を圧倒的に高める明確な効果がある。圧倒的な生産性向上に寄与するポイントは合計で10個ある。

- お客様に選ばれる
- 就職先として選ばれる

- 応援者が増え、クチコミが増える
- パートナー企業が素晴らしい会社になる
- 意思決定が迅速になる
- コラボレーションがしやすくなる
- クレームが減少する
- 利益率が上昇する
- 単価が上がる
- 製品やサービスの品質が向上する

これらのポイントを押さえることで、**企業は市場での競争力を高め、持続可能な成長を達成**できる。

機能価値より情緒価値

実は、企業ブランディングに取り組む背景に、２０２1年4月頃からの木材の異常な価格高騰があった。業界では「ウッドショック」と呼ばれていた。コロナ禍でデジタル化を強制され、さらに資材高騰により、今までと**同じ商品価格では大幅な利益圧迫を余儀なくされる問題に直面**した。

わが社の建築棟数で考えると、年間２００棟以上の住宅を建築している。１棟１０００万円以上する住宅なので、資材の大幅高騰によって、何も対策をしなければ、毎月１０００万円ほどの利益が吹き飛ぶことになった。

経営者になった初年度がコロナ禍。そして、２年目がウッドショック。困難に直面すると、いつも思い出す。２０１１年の東日本大震災の時に、27歳の僕が味わったあの無力感。あの時に比べれば、まだ何か活路は見出せるはずだ。**具体的な答えは出ていなかったが、心は燃えていた。**

資材が高騰し始めた頃、業界内では「数ヶ月後には価格が落ち着くだろう」という楽観的な見解もあった。だが僕は、かなり悲観的に見ていた。

アメリカの住宅需要が旺盛なことから、ある程度予測はついたのだ。都市部でなければ仕事ができない状況から、郊外でインターネット環境さえあればリモートワークができる。ということは、人々は郊外に流れるという現象が起きて、戸建住宅の需要は落ちないと考えた。そのため、僕の予想では資材は上がり続けると予測した。

もし資材が上がり続ける未来が確実だとしたら、あなたならどんな手を打つだろうか。「コストを見直し、価格据え置きを図るべきだ」というアドバイスも多くいただいた。そういう諸先輩方のアドバイスを受けつつも、それが正しい打ち手だとは思えなかった。何か独自の戦略が必要だった。

そんな時に、レバレッジコンサルティングの本田直之さんと話をする機会があり、

「価格を上げることを恐れてはならない。それよりもどう付加価値をつけるか、徹底的に考えるべきである」

というアドバイスをいただいた。そこで僕は決心した。

ウッドショックなどの資材高騰への対策として、選択肢は1つ。「値上げ」だ。「値上げ」しかない。正直、「値上げをしたら家が1棟も売れなくなるのではないか」という不安も大きくあった。わが社の商品開発責任者の三浦からも「本当に値上げして良いんですか」と

図20　付加価値

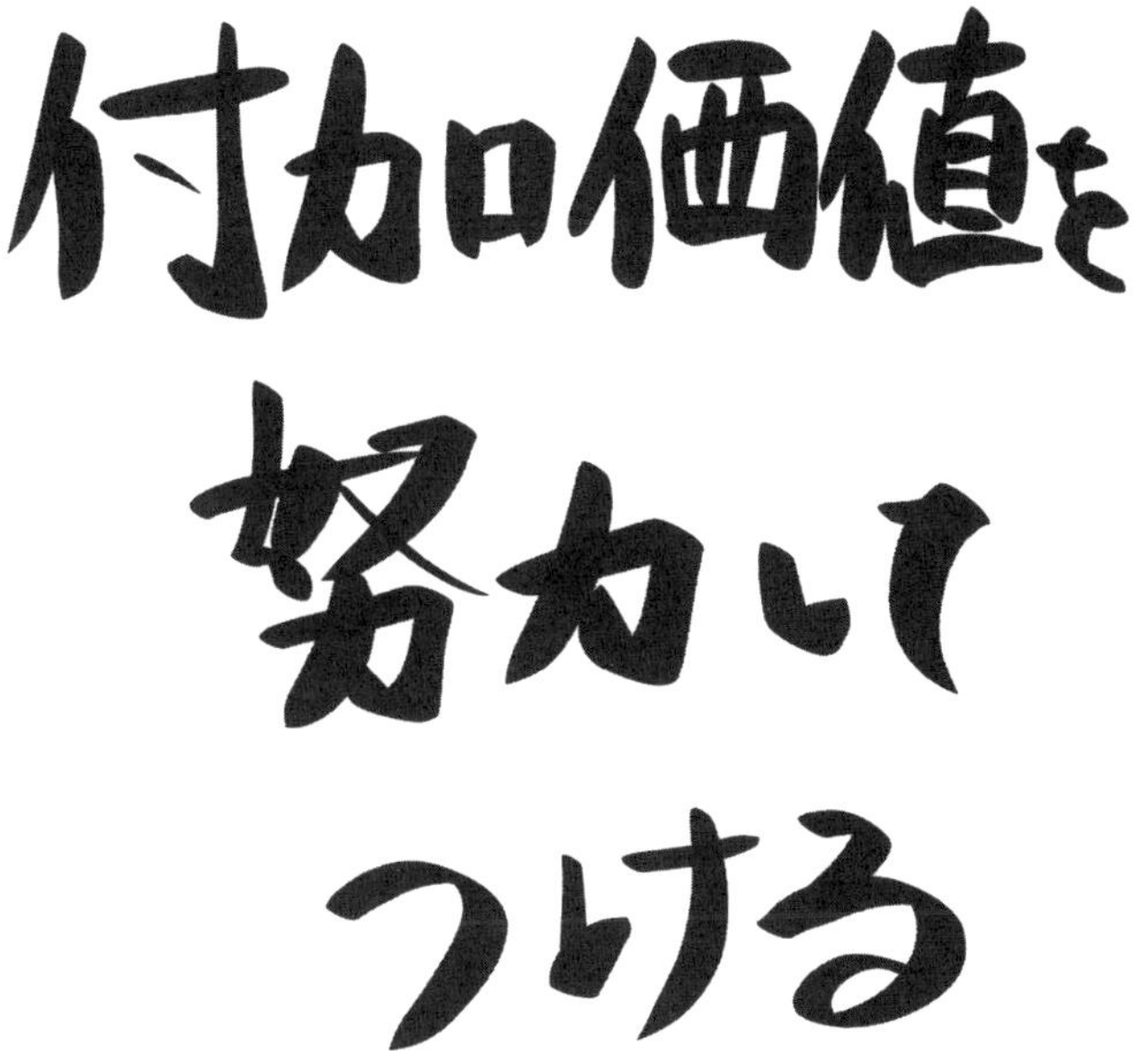

いう不安の声があった。営業からも値上げを喜ぶ声は聞こえてこなかった。

そんな中で、**値上げを実行**した。2021年7月に新価格へ。約30万円ほどの値上げだ。予想通り、資材価格はさらに上がり、2021年9月には100万円以上の値上げを実行した。値上げを繰り返した。手の届きやすい入魂価格®で住宅提供するわが社としては、社史に残る値上げである。過去一度もそんなことをしたことがない。

僕がなぜそれをできたのか。それは、**「価格を上げるよりもはるかに上回る付加価値を絶対につける」**と決心したからだ。

肝になるのは、わが社の営業メンバーのメンタルだった。1回目の値上げ後に営業現場の声を集めると次のような感触だった。

「今回の値上げに対してはあまり影響を感じておりません。土地探しのお客様は土地が変わると数百万変動した提案を繰り返しているので、あくまでも総費用でどうなのか？ という視点で考えているからだと思います」

「今のところは値上げに対してネガティブなお客様は少ないと感じております。他社でも同様に値上がりしているようなので、スムーズに理解していただけるケースのほうが多いと思います」

「このエリアだけかもしれませんが、お客様はウッドショックのことをご存知ない（または聞いたことがある程度）方がほとんどです」


この営業現場の声を受けて、今のうちがチャンスだ。値上げしていくスピードよりも、もっと速く付加価値をつける取り組みをしなくてはならない！

本田さんからのアドバイスで目が覚めて、**徹底的に付加価値をつける覚悟**を決めた。実は、**価格を上げる覚悟とは、付加価値を上げる覚悟**でもあった。

実際にやってみると、付加価値を上げるということは簡単ではない。わが社で実践したのは、**❶パッシブデザイン設計の強化、❷構造計算（許容応力度計算）内製化と耐震等級3の実現、❸究極の気密施工品質の実現**、の３つに取り組むことだった。この３つの分野を強化したことがわが社の企業力と企業価値を高めたことは間違いない（パッシブデザインとは自然や環境の持つエネルギーを上手く利用できるように設計すること）。

❶パッシブデザイン設計の強化

松尾和也先生の技術指導を受けた。**「太陽に素直な設計」**（**自然の力を上手に使った設計**）**の基礎**を学び、プランニングの考え方と実践を営業職・設計職が学んだ。これによって、**エネルギーロスの少ないより価値のある住宅設計が可能**となった。

同時に、**わが社のデザインに対する成長課題も明確**になった。実践的な研修で社内からの「もっと学びたい」という声が多かった。受講者の声が最も参考になるはずだ。受講後のわが社のメンバーの声をいくつか紹介する（当日のＬＩＮＥアンケートより抜粋）。

【30代／役職者の声】

「最近の商談時に断熱にとても詳しいお客様がいたので、自分の弱点が見えたところでした。一から勉強し直します。逃げトークになりがちだったところを今後、知識をつけ根拠もしっかり準備していく」

【40代／役職者の声】

「世間の人がどのような情報を求めているかがすごくよくわかりました。また、窓の大き

図21　パッシブデザイン設計の打ち合わせの様子

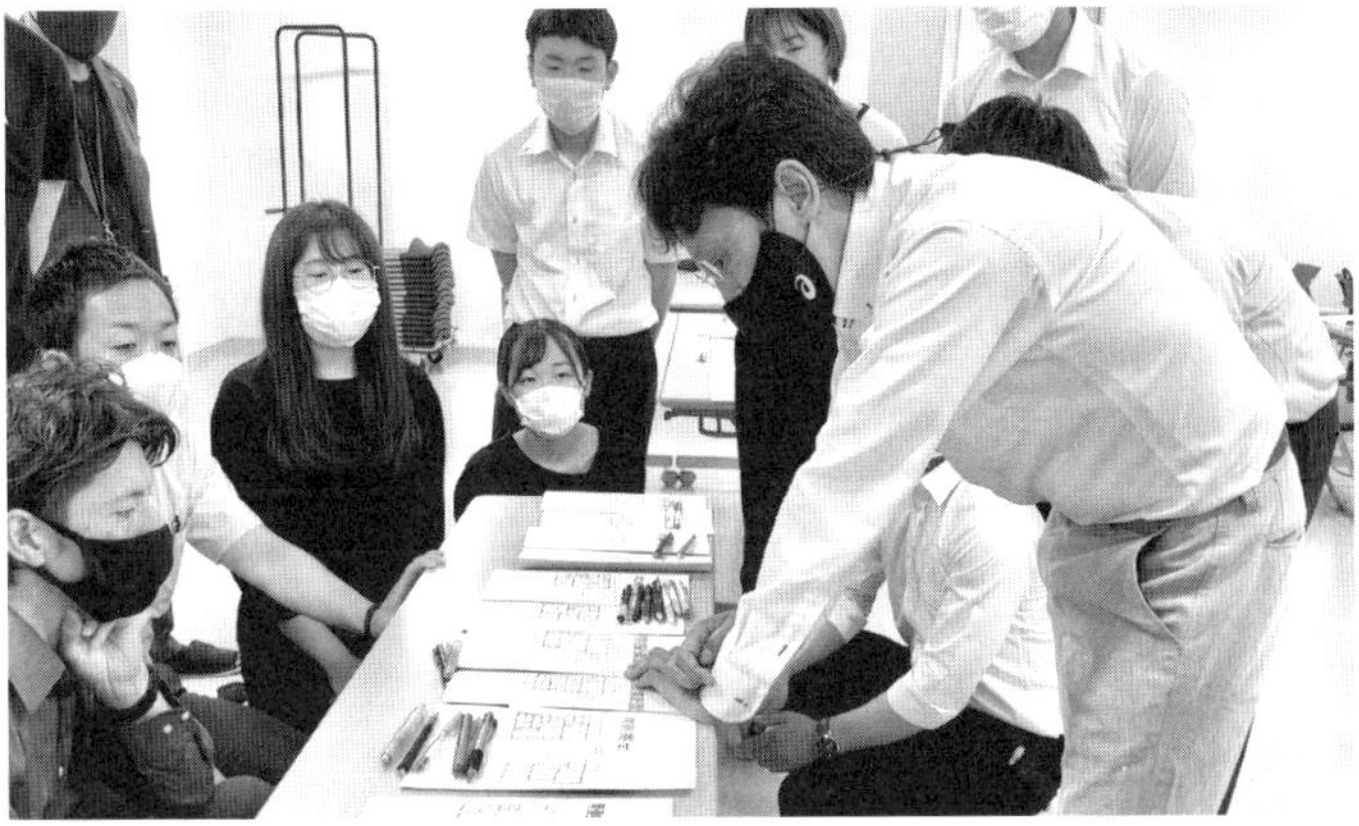

さや設置位置だけではなく、**季節ごとの日射量によって日当たりがかなり変わる**ということが太陽光のシミュレーションによって非常によくわかりました」

［40代／設計士の声］

「『太陽に素直な設計』で松尾先生のおっしゃる『最低レベル』の設備を武器にすれば、**価格が上がっても充分に売れる商品ができる**のではと思った。設計として知識不足を感じたので、まずはお客様と同じ目線で知識のインプットをしたいと思う」

［20代／本社メンバーの声］

「今までは『省エネ』と聞くと環境への影響のイメージが大きかったが、講演を聞いてお客様へのメリットでもあり、**いかに省エネに取り組んでいるかで差が出る**要素だと感じた」

❷構造計算（許容応力度計算）内製化と耐震等級3の実現

佐藤実先生の構造塾に入塾。**社員全員で研修受講からスタート**し、「間取り構造ルール」

も策定。**社内に構造計算の専任メンバーを育成**し、「許容応力度計算による耐震等級３」を実現する社内体制を1年で構築した。**同価格帯の住宅ではあり得ないほどの性能**である。

同じくわが社のメンバーの受講後の声を共有しよう（当日のＬＩＮＥアンケートより抜粋）。

【20代／設計士の声】

「構造ルールについて、今までプランで意識していたことが含まれていて安心した部分と、もっと意識していかなければならないと感じた部分が、それぞれありました。具体的な構造ルールをつくることで、スムーズに耐震等級３を取得できるようになると良いと思いました」

【20代／住宅アシスタントの声】

「**耐震等級３の重要性と安心感**を改めて感じました。また、**デザイン性と性能は融合する**ということなので構造計画をしっかり行えばデザイン性も失われることなく間取りが考えられるという点では**お客様満足度ＵＰにも繋がる**と思いました」

［40代／役職者の声］

「すごい武器になると思います。ぜひ早期に実現したいです」

［20代／本社メンバー］

「聞けば聞くほど耐震等級3の良さを感じ、『耐震等級3の会社』としてあいホームが確立した時により強くなると確信できて前向きな気持ちになった。また、直下率についてやんわり意味は理解していたが、窓の位置や1階と2階で形が違う家での直下率の話など、分解された図形の資料を見ることで理解が深められたことが良かった」

❸究極の気密施工品質の実現

松尾和也先生から**気密性能の重要性**を学び、気密性能を向上させる方法をアドバイスいただいた。

わが社独自に気密性能（C値）グランプリを開催したところ、職人同士の技術の横展開もしながらの切磋琢磨が実現し、**C値を業界最高水準の「平均C値0・3未満」へと1年で**

図22　C値グランプリの目標を明文化

進化させた。

　お客様への付加価値をつけることを徹底的にやった。しかし、それでも手応えをそこまで感じない。何か足りない気がしていた。

　必死で付加価値を開発しようと走っている時に、「企業ブランディング」と出会ったのだ。**ブランディングの力というのは、「目に見えない付加価値」**とも言える。

　付加価値は、分解すると、機能価値と情緒価値に分けられる。機能価値とは建物の性能のようなものだ。他の会社と比較できる価値である。車における燃費性能や安全性能だと思えば良い。ここで問いかけたい。

全く同じ性能の車が2台ある。例えば美しい丸みを帯びたフォルムの車とシンプルなデザインの車。あなたならどちらを選ぶだろうか。

そこで必要になってくるのが**情緒価値**である。ここが**企業ブランディングの本質**だと言ってもいい。

「ブランドとは、意味である」と、クロマニヨンの小柳さんがおっしゃっている通り、**自分に合った「意味のある商品・サービス」をお客様は選択する。**比較して選択する場合もあれば、最初から「自分にとって意味のあるもの」を探しているので、比較しないこともあり得る。

機能価値は天井があるのに対して、情緒価値は天井がない。どこまでも価値を上げられる。**わが社に足りないのは、「情緒価値」だった。**お客様がわが社を選ぶ「意味」を、早急につくらなくてはならない。待ったなしの値上げを上回るスピードで、付加価値をつくるプロジェクトが大きく動き出した。

社員全員で「合言葉」をつくる

課題は「情緒価値」だ。企業としてのブランド価値を高めなくてはお客様に選ばれ続ける未来は描けない。だが、「わが社のブランドをつくる」ということが、目に見えないものをつくるようで想像できていなかった。

わが社は、地域においてどんな存在なのか。どんな存在を目指すのか。わが社が大事にする価値観は何か。大切にしたいことは何か。自分たちの個性は何か。創業から受け継いできている普遍的なＤＮＡは何か。これらを全て言語化していくことは、自分１人では到底できないと思った。

企業ブランディングの最初の1歩であり、最も大事なことは「言語化」である。ここから始めずに、ロゴデザインやおしゃれなＷｅｂサイトをつくっても、小手先のリブランディングとなる。お客様からはすぐに一貫性がないことが見破られてしまい、結果「あまり効果を感じない」ということになる。

しかも、**社員全員でわが社のブランドを言葉にしないと、メンバー1人ひとりと言語化**

したブランドメッセージとの不一致が起こる。「ブランドの言語化」というプロセスは、全社員が参加することが「必須条件」となった。やってみなければわからない。上手くいくかも確証がない。

こんな仕事を引き受けてくれるクロマニヨンの小柳さんには、心から感謝だ。「意味のある会社をつくる」というミッションを掲げて、「どんなことがあってもとことん向き合う！」と、常に背中を押してくれた。

２０２２年１月の初めに、ブランド経営宣言をした。全社員に対して、「企業ブランディングに力を入れる！」と伝えた。細かいことはやってみないとわからないので、それだけしか伝えることができなかった。メンバー全員が何のことか全くわからなかったと思う。それでも、**1年以内には社員全員に「企業ブランディングに取り組んで良かった」と思ってもらう自信があった。**

約９ヶ月のブランド言語化プロジェクトが始まった。流れとしては、初めにキーパーソンとなるメンバーにインタビューすることからスタート。もちろん僕もその１人だ。社歴が10年以上のメンバーや入社したばかりのメンバー。職種もバラバラ。様々な方向からインタビューが進んでいく。

僕もメンバーも、**考えたこともないような質問**をされて、自分の中にあるものを何とか言葉にして伝えていく。「どんなことを大事に経営してますか？」「どんな会社にしていきたいですか？」「どんな時に喜びを感じますか？」と質問をもらいながらそれに答えていく。

ブランドプロデューサーの金井さんと小柳さんは、真剣にその拙い言葉を受け取ってくれて、**膨大なインタビューから出てきた言葉を整理し、分析**してくれた。

キーパーソンのインタビューが終わると、**全社員を対象としたアンケートの実施**へと移った。このアンケートは現状分析であり、社員満足度の見える化とも言える。経営者としては、これほど恐ろしいものはない。匿名で回答してもらうので、本音に近い内容が集まってくる。胃袋をぎゅっと掴まれるような怖さがあった。

ポイントとなるのは、2つである。一つは、アンケートの質問項目が適切か。そしてもう一つは、**アンケートの回答率を高めることを、経営者が絶対に諦めないこと**。Ｗｅｂアンケートのため、30個以上の質問項目が、叩き台として提示された。僕が事前に1問1問チェックをしていくと、**どんな答えが集まるのかワクワクする質問項目ばかり**だった。例えば、こんな質問である。

将来にわたって「あいホーム」が存続し続けるために必要だと思うのは、どのようなものですか。あなたがあてはまると思うものを全てお選びください。

1 デザイン力の向上
2 現場CSの徹底
3 設計力の向上
4 デジタル力の強化
5 おもてなしの強化
6 現場品質の向上
7 人材採用・育成
8 コンプライアンス（法令、社内ルール等の遵守）の強化
9 人事制度の強化
10 その他（フリー回答）

前質問であなたが選択した項目の中で、最も重要だと思う項目は何ですか。ひとつ選んで、左記にナンバー記載の上、そう思った理由をお書きください。

最も重要だと思う項目（ナンバー）

選んだ理由

質問項目が完成し、アンケート期間を2週間に設定して実施した。**とにかく全員に回答してほしいと思った。**メンバーからすると、このアンケートに回答したところで、自分の評価が上がるわけでもないし、何か仕事が良くなる感覚はなかったはずだ。回答してくれるということは、僕に協力してくれるか、僕を応援したい気持ちがあるかだと思っていた。

いよいよアンケートを実施した。僕自身もアンケート回答がどれぐらいあったのかリアルタイムでは把握できなかった。中間報告があり「現在40%の回答率です」と金井さんから連絡があった。「少なすぎる」と僕は心がぐらついた。

そんな時に、クロマニヨンの小柳さんが、

「絶対に諦めてはいけない。アンケート回答を情熱を持って社内に促すことが重要だ」

と背中を押してくれた。

さらに呼びかけをして結果的に80%の回答率だった。100%の回答率になると思っていたのに、結果は届かず。前向きに捉えると、わが社の進化を応援してくれるメンバーが8割いる、と思えばまずまずの結果だった。

そこから、60名分のアンケート回答分析が始まる。どんな結果が出てくるのだろう。怖さと好奇心が混在していた。**一番気になっていたのは、経営者である「僕の認識」と、「社内メンバーの認識」に、ギャップがあるかということだった。**

その分析が終わった時に、ブランドプロデューサーの金井さんが興奮した様子で、「**こんなに社長が考えていることと社員さんが考えていることが一致している会社はない。見た**

ことがない！　これはすごい！」とメッセージをくれた。

「そうか。同じことを考えてくれていたのか」

その時に、**このブランドプロジェクトは面白いことになる、という実感**が初めて湧いてきた。この時点で、6ヶ月の月日が経っていた。インタビューをしてアンケートをとって、自分たちの分析をする。「ブランドを言語化する」というプロジェクトも、佳境に入ってきていた。

ここから、やっと言語化していく段階に入っていく。社員全員でのワークショップを行った。社歴が近いメンバーや若手だけのチームなどと、人選を考えチームを考えた。この時に、**涙が出るほど嬉しかったのは、わが社の事務局の働き**だ。DX室の秋山を中心に、今回のブランドプロジェクトの運営事務局をやってもらった。

秋山の強みは、伝える力。今回のブランドプロジェクトの意味やワークショップの趣旨を社内に浸透させることについて、僕の依頼なしにやってくれていた。そのおかげでワークショップは非常に盛り上がった。**「わが社の存在意義とは？」という、誰が考えても難し**

いワークショップテーマである。どんな話になるのか興味を持って聞いてみると、多くのチームで話されていた同じ発言は「言葉にするのは本当に難しい」ということだった。自分たちの心の中には、言葉にはできないことがある。自信を持っていること。大切にしていること。たくさんあるのに、上手く言葉にならない。**言葉にできないもどかしさをチーム全員で味わった。**

「本当の自分たちの価値を理解してもらいたい」

というのは、社内メンバーの本質的な欲求なのかもしれない。

僕自身も、全員がもどかしい気持ちになっているのと同じように、**言葉にする難しさを実感**していた。ワークショップが終わった後に、ブランドプロデューサーの金井さんから言われたのは、「これはものすごいことになる！」ということだった。

そこから2ヶ月、クロマニヨンの小柳さんが、ワークショップで出た言葉を様々な角度から分析し、**長期にわたって価値を発揮し続ける「耐久性のある合言葉」**に仕上げてくれる段階に入った。ブランドを言葉にする取り組みのクライマックスだ。

図23　言語化は難しい

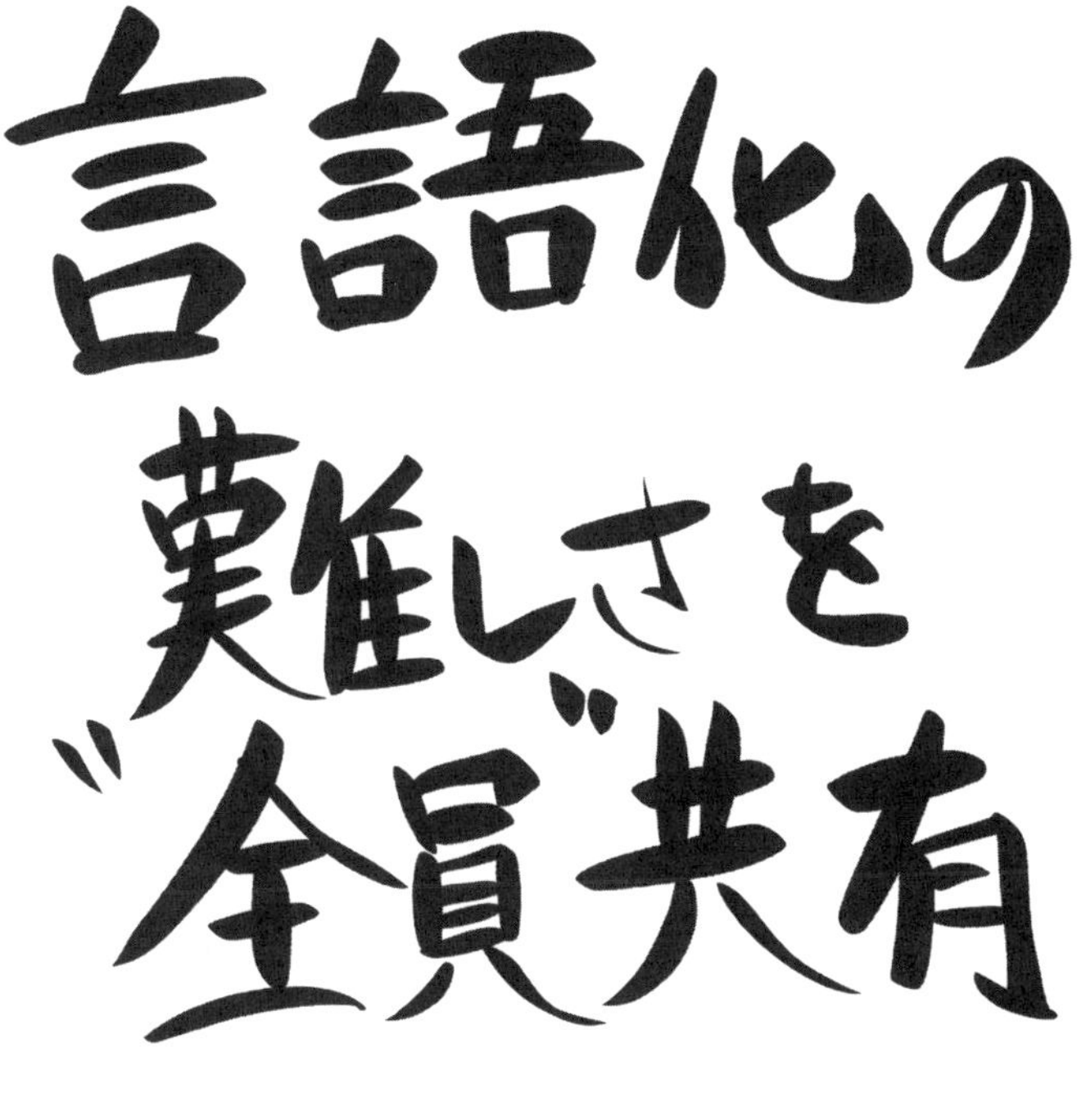

やれることは全てやった。後は待つのみ、という状態になった。

2022年1月にブランド経営宣言をして、あっという間に11月になった。第1章で赤裸々に述べたように、その頃は、オンラインコミュニケーションのしすぎで、社内がギスギスしていた時である。そしてその社内の人間関係を何とか元の状態に復活させようと僕が動き出した時でもあった。対面での会議を増やし始めていた。

そのタイミングでついに、ブランドスローガン（合言葉）の案が届いた。次ページ図のように**「最高のホームをつくろう」という合言葉に決まった**わけだが、実は4つの案があった。どれも良い合言葉であったが、迷うことなく1つに絞られた。

キーパーソンのインタビュー、社内アンケート、ワークショップと徹底的に社内のメンバーと向き合ったからこそ、答えが明確に見えたのだ。**この言葉なら、100年以上使い続けられる**。その瞬間、社内メンバーに早く伝えたくなった。

クロマニヨンの小柳さんからは、「全社会議などで発表すると良い」とアドバイスを受けていたが、我慢できずに「すぐに何人かに伝えよう」と決めた。

たまたま、社長室の隣にあるミーティングルームで会議をしていた。会議参加のメンバー8名に60インチのスクリーンにスライドを映して、**「でき立てホヤホヤのブランドス**

図24　わが社のブランド理念の『ブランドスローガン』

最高のホームをつくろう。

お客様が理想とするマイホームを、
お客様とともに創ること。
私たちと関係いただくすべての人と、
アットホームな関係を築くこと。
地元・宮城を私たちの「ホーム」とし、
街の元気にいちばん貢献する企業になること。
いつの時代も「最高のホームづくり」を目指して。
あいホームの挑戦にご期待ください。

(株)あいホーム

ブランドスローガンの構造

最高のホームをつくろう。

- 最高 ― 現状に満足せず、より良いゴールを目指すチャレンジ精神。デジタル化やデザインなど、あらゆる面でベストの状態へ。
- ホーム ― ・マイホーム（家づくり）・アットホーム（絆づくり）・ホームタウン（街づくり）すべての“ホーム”を大切に。
- つくろう ― 家や街をつくる、関係をつくる、未来をつくる。0から1を生み出す力。

ローガン」を見せた。反応は、予想を遥かに超えた。

「うわー！　鳥肌が立ちました！」

「あいホームを表す言葉は、この言葉以外ない！」

そこにいる全員が、このブランドスローガンと自分たちの思いが一致していることがわかった。言葉にするのが難しい。あのもどかしさを全員で味わったからこその鳥肌体験だ。ワンフレーズのこの合言葉が、爆発的な進化の羅針盤となる。

このスローガンと同時に「ブランド理念体系」も構築できたので、このことについて次で述べていく。

ブランド理念体系がもたらした効果

ブランド理念体系が構築されてからは、経営判断をする際の迷いが一切なくなった。

もともとは「価格競争に飲み込まれないよう付加価値をつけたい」という考えからブランディングプロジェクトを始めた。副次的に、経営判断の迷いがなくなるなど、多くの効果を実感している。

わが社のブランド理念は１４２〜１４５ページの図のようにまとまった。わが社では合言葉である１３９ページのブランドスローガンも含めた、ミッション・ビジョン・バリューを、「ブランド理念体系」（１４５ページの図）と呼んでいる。

経営者も１人の人間であり、気持ちの浮き沈みや考えの変化は多々ある。一方で、社内外から求められるのは「一貫性」。だからこそ、自分たちの進む方向性を言葉にし、経営者と社内メンバーが共有できるような「共通言語」を持つことが重要だ。

図25　わが社のブランド理念の「ミッション」

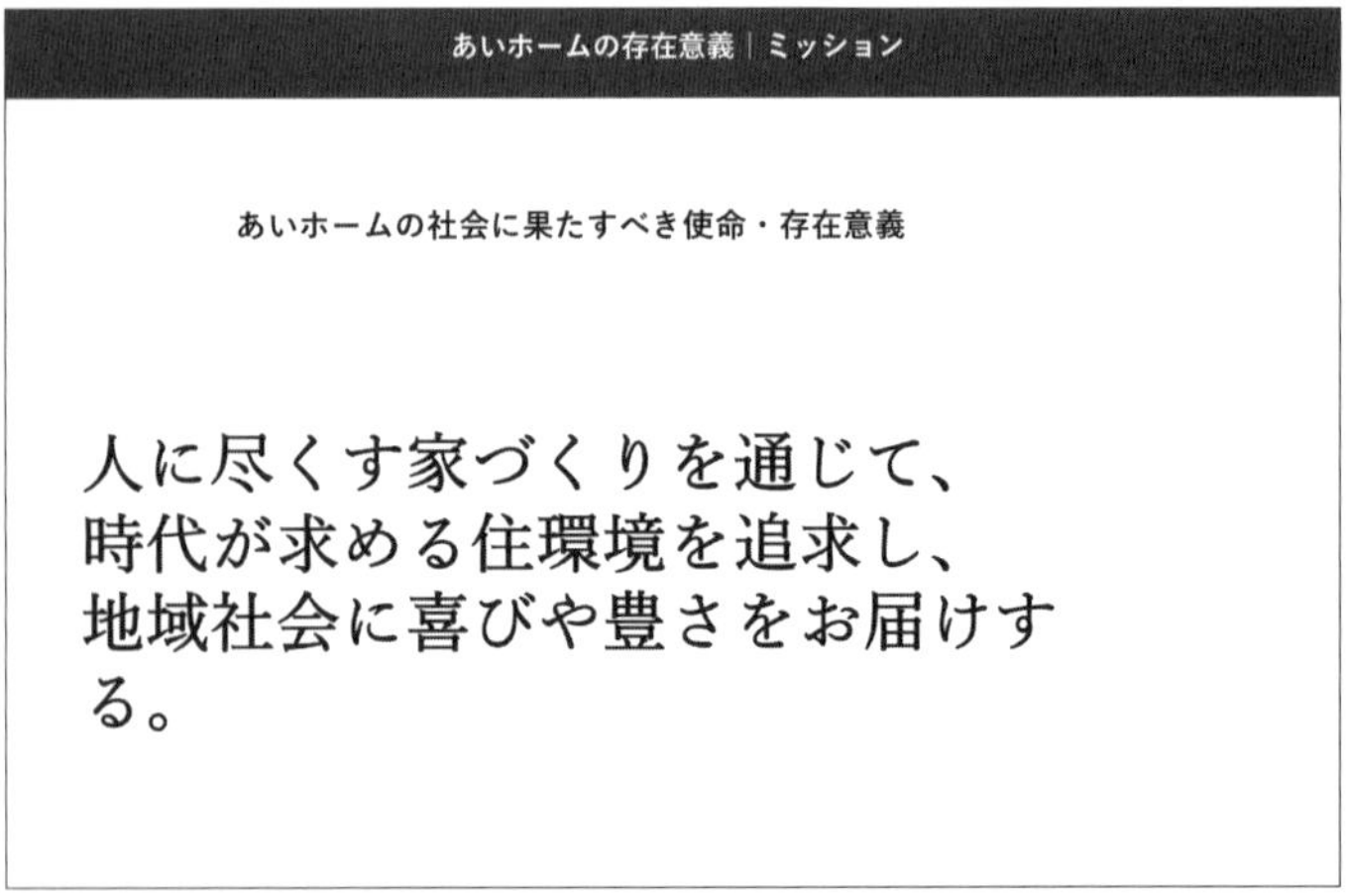

あいホームの存在意義｜ミッション
あいホームの社会に果たすべき使命・存在意義
人に尽くす家づくりを通じて、
時代が求める住環境を追求し、
地域社会に喜びや豊さをお届けする。

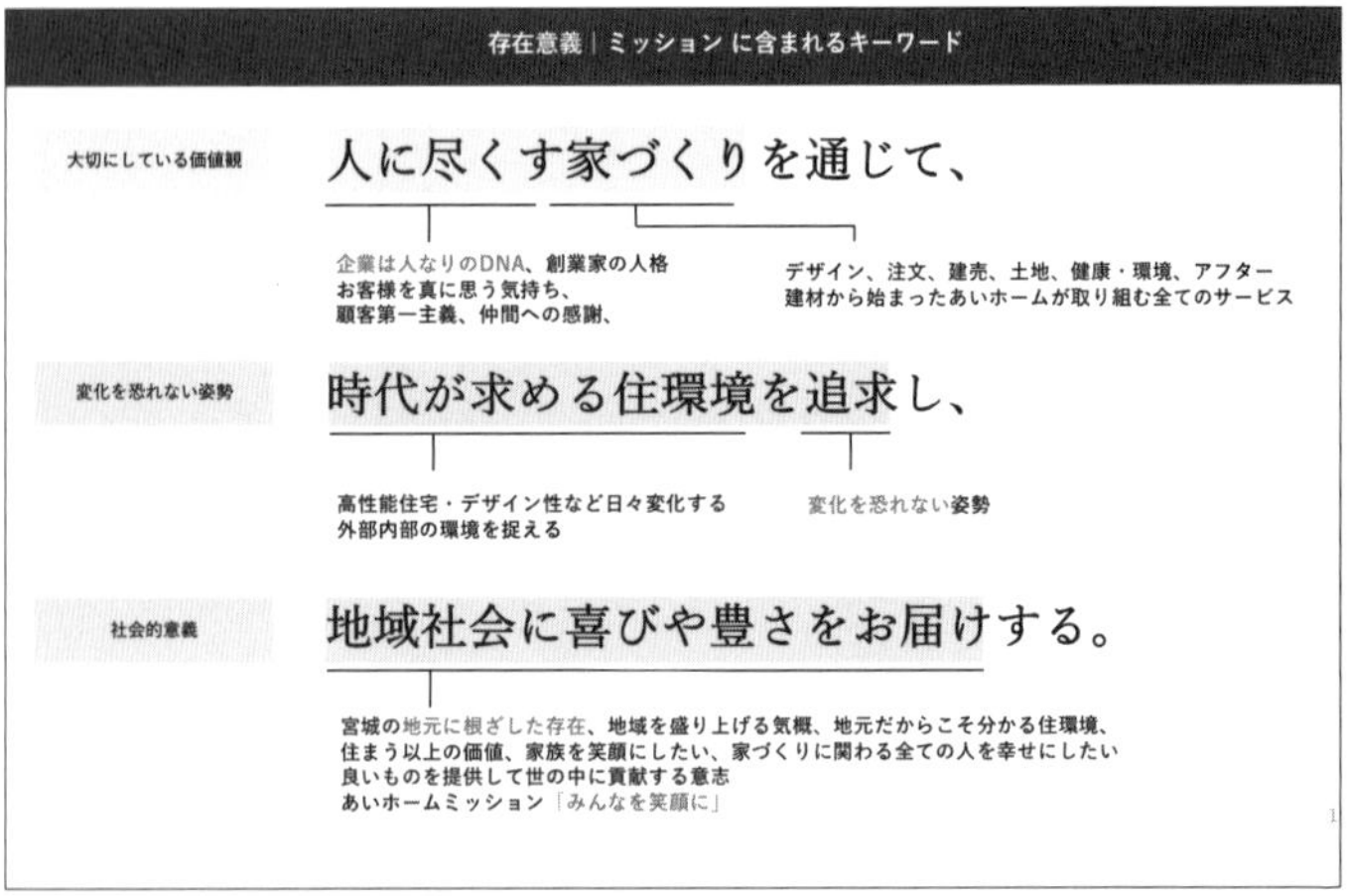

存在意義｜ミッション に含まれるキーワード
大切にしている価値観
人に尽くす家づくりを通じて、
企業は人なりのDNA、創業家の人格
お客様を真に思う気持ち、
顧客第一主義、仲間への感謝、
デザイン、注文、建売、土地、健康・環境、アフター
建材から始まったあいホームが取り組む全てのサービス
変化を恐れない姿勢
時代が求める住環境を追求し、
高性能住宅・デザイン性など日々変化する
外部内部の環境を捉える
変化を恐れない姿勢
社会的意義
地域社会に喜びや豊さをお届けする。
宮城の地元に根ざした存在、地域を盛り上げる気概、地元だからこそ分かる住環境、
住まう以上の価値、家族を笑顔にしたい、家づくりに関わる全ての人を幸せにしたい
良いものを提供して世の中に貢献する意志
あいホームミッション「みんなを笑顔に」

図26　わが社のブランド理念の「ビジョン」

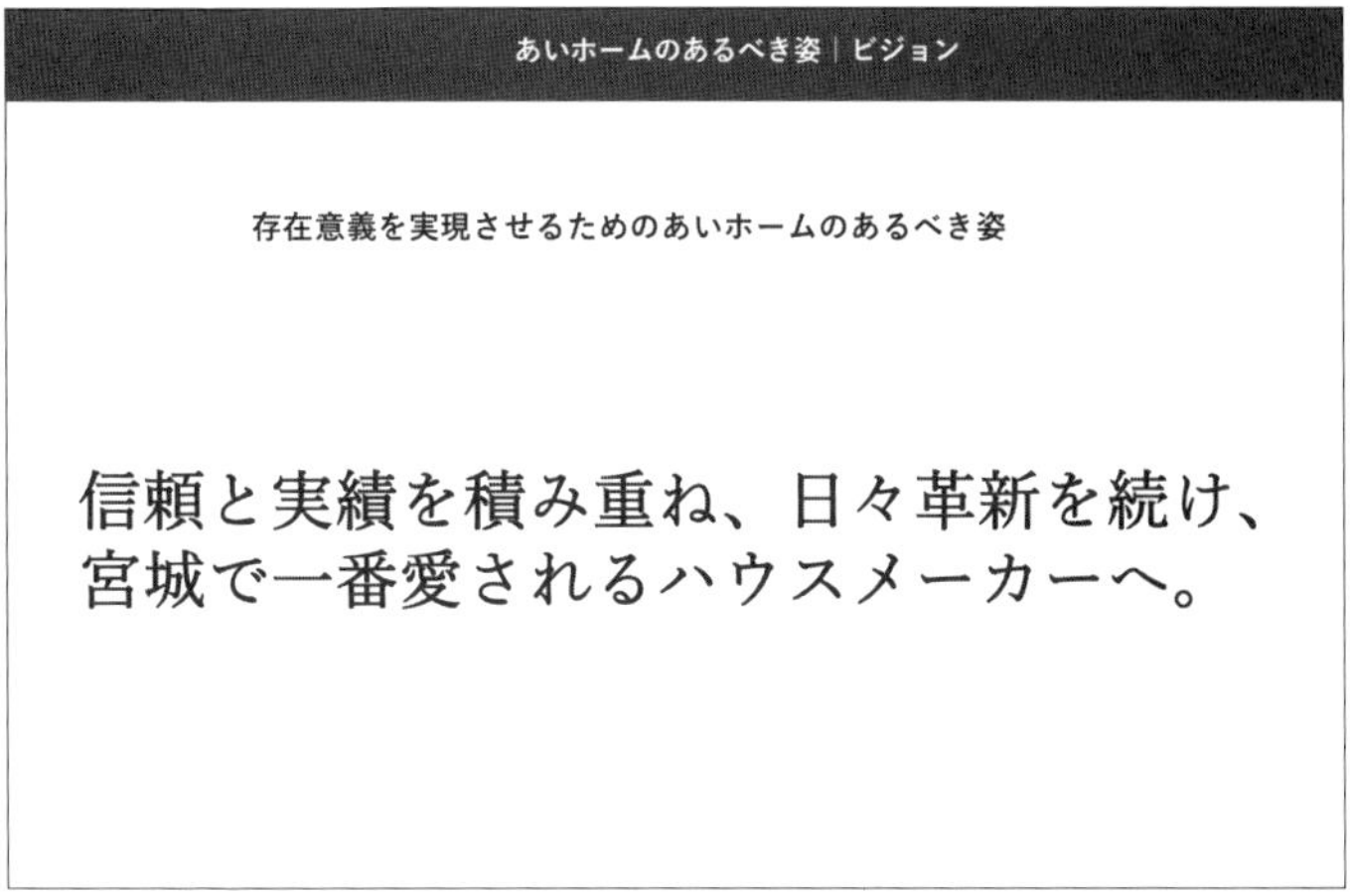
あいホームのあるべき姿｜ビジョン
存在意義を実現させるためのあいホームのあるべき姿
信頼と実績を積み重ね、日々革新を続け、
宮城で一番愛されるハウスメーカーへ。

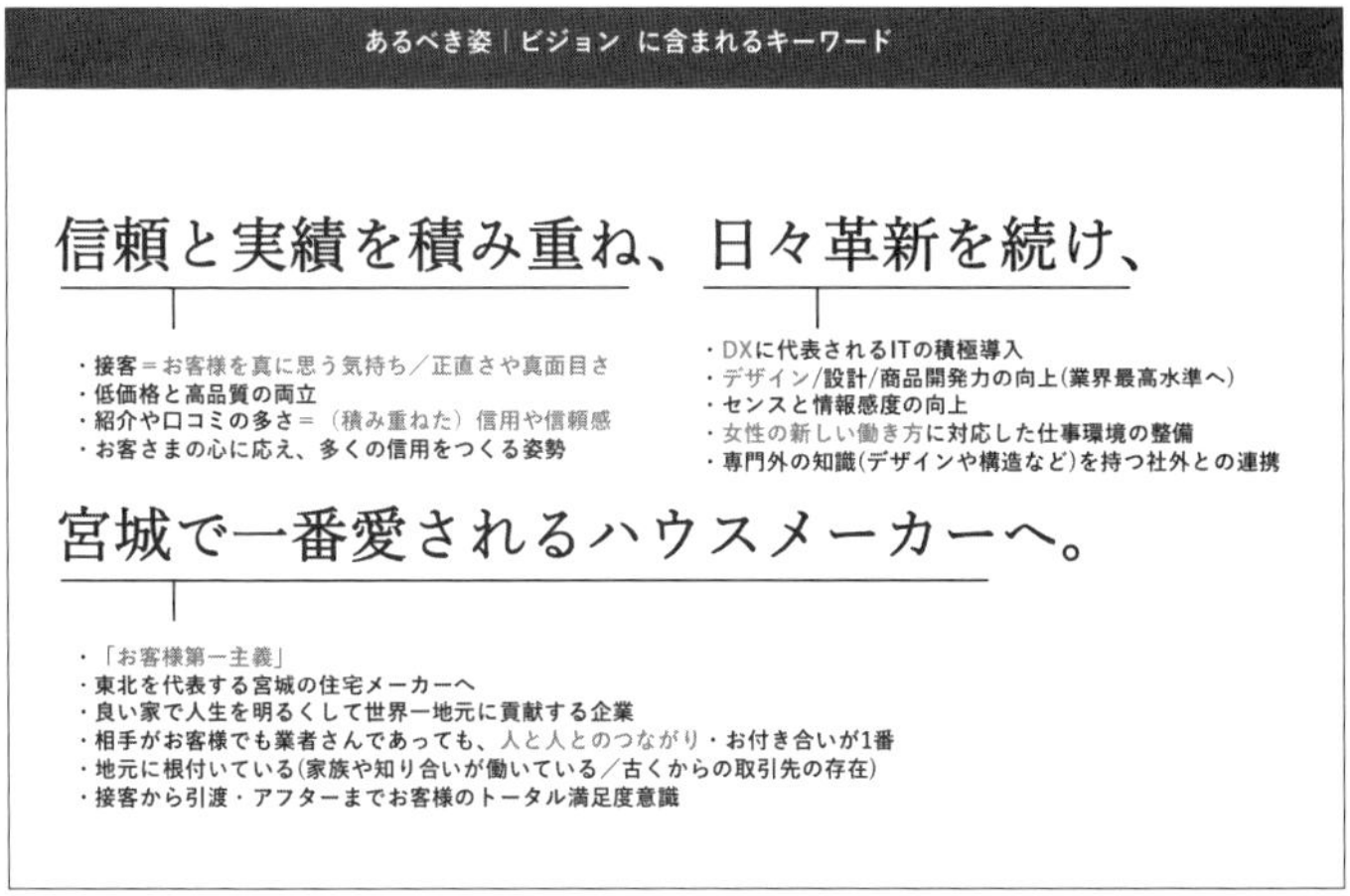
あるべき姿｜ビジョン　に含まれるキーワード
信頼と実績を積み重ね、
・接客＝お客様を真に思う気持ち／正直さや真面目さ
・低価格と高品質の両立
・紹介や口コミの多さ＝（積み重ねた）信用や信頼感
・お客さまの心に応え、多くの信用をつくる姿勢
日々革新を続け、
・DXに代表されるITの積極導入
・デザイン/設計/商品開発力の向上(業界最高水準へ)
・センスと情報感度の向上
・女性の新しい働き方に対応した仕事環境の整備
・専門外の知識(デザインや構造など)を持つ社外との連携
宮城で一番愛されるハウスメーカーへ。
・「お客様第一主義」
・東北を代表する宮城の住宅メーカーへ
・良い家で人生を明るくして世界一地元に貢献する企業
・相手がお客様でも業者さんであっても、人と人とのつながり・お付き合いが1番
・地元に根付いている(家族や知り合いが働いている／古くからの取引先の存在)
・接客から引渡・アフターまでお客様のトータル満足度意識

図27　わが社のブランド理念の「バリュー」

あいホームの価値観｜バリュー

日々の業務で意識する行動・姿勢、共有すべき価値観

・人を想い、家づくりに関わる全ての人を幸せにします。

・「あ、いいね」とお客様の心が動く提案をします。

・変化を恐れず、前例のないことにも挑戦します。

・働く仲間がともに成長できる環境づくりに努めます。

・地元を大切にし、地元の発展に貢献します。

価値観｜バリュー に含まれるキーワード

・人を想い、家づくりに関わる全ての人を幸せにします。

文化
- 相手がお客様でも業者さんであっても、人と人とのつながり、お付き合いが1番。
- 全員が真剣にお客様と向き合っていることが仕事態度に表れている
- 全てのステークホルダーに誠実で、時代の変化と供にCS向上のため絶えずチャレンジし進化を止めない

・変化を恐れず、前例のないことにも挑戦します。

挑戦
- フットワークが軽い（時流・仕事）
- DXの取り組みを推進する事でお客様と向き合う時間を増やす
- 会社がより良くなるよう、変化に対応できる柔軟性
- DX強化により連携とスピードを加速させ、お客様へ新次元のサービスを提供する

・「あ、いいね」とお客様の心が動く提案をします。

品質
- 「あ、いいね」（＝発見と驚き）の追求　・住まう以上の価値
- みんなに"よりそう"住まいづくりの演出家として、それぞれの幸せがあふれる地域づくりを目指す
- お客様の希望を自分たちが叶えられないのなら、叶えられる別の企業でも良いと思う姿勢

・働く仲間がともに成長できる環境づくりに努めます。

仲間
- 社歴に関係なくできる改善提案・社員にも嘘をつかない
- 従業員への感謝・社員を大切にするアットホームさ
- 頑張る人をちゃんと評価する
- 女性や新しい働き方に対応した労働環境の整備

・地元を大切にし、地元の発展に貢献します。

地元
- 材木屋から始まった歴史と、地域の人とのつながり、人を思いやる気持ちが強い
- 地場に根差した顔が見える家づくり
- 地域に根差した我々が、幸せと安心できる場所をつくる

図28　わが社のブランド理念体系(まとめ)

ブランド理念体系
根幹を成す考え方を体系的に整理、将来にわたって共有。

ブランドスローガン	社内外で使用する合言葉。
存在意義 ミッション	あいホームの社会に果たすべき使命・存在意義
あるべき姿 ビジョン	存在意義を実現させるためのあるべき姿
価値観 バリュー	日々の業務で意識する行動・姿勢、共有すべき価値観

ブランド理念体系を構築して得られた具体的な効果は次の通りである。

1　人事戦略が強化された
2　社員育成がレベルアップした
3　採用力が向上した
4　商品開発力が向上した
5　顧客対応力が向上した
6　顧客サービスがレベルアップした
7　協力会社との信頼関係が強化された
8　社内のチームワークが改善された
9　新規事業のアイデアが生まれた
10　高額な物件の契約を獲得できるようになった

このことからわかるように、**企業ブランディングは経営の多くを網羅**する。

長年ブランディングに取り組む経営者たちも、「なぜブランディングに力を入れるのか」と質問すると、「ブランディングに取り組むことで全てを網羅することになるから」と答える。

中小企業が持つ限りある経営資源をどの分野に投資するか。マーケティングに投入するのか。社員教育に投入するのか。それらは**企業ブランディングに集中投資することで、全てを網羅することが可能になる。**ブランド理念体系が企業にもたらす効果は計り知れない。

ロゴを変えない理由

企業ブランディングの「言語化」をクリアすると、次は**ビジュアル展開へと移行**する。

まず考えるべきことは、「ロゴを変更するかどうか」である。

何十年も使ってきた会社のロゴを新しく刷新することで、社内外の企業イメージが一新される。ロゴを変えるかどうかによって、宮城県内全店舗の看板やカタログ、Webサイトを変更する必要も出てくる。これは目先のコストよりも、**100年先を見据えた判断**が求められる。

実は社内アンケートで、ロゴについての質問も行われた。そのため、今のロゴの良い点と課題は明確に理解していた。現在のロゴにあるのは、「親近感」「アットホーム感」。課題としては「洗練さ」「新しいことを生み出すクリエイティブさ」であった。

僕にとって究極の選択だったが、**最終的に「ロゴを変えない」という判断**を下した。

このロゴには歴史が詰まっており、**洗練さやクリエイティビティは他の表現方法で補えると考えた。**それよりも、**60年以上にわたる「信用」や「信頼」、何より「愛着」に価値**を置いた。

約1年かけてつくり上げたブランド理念体系と、ロゴを変えないという決定を踏まえて、2023年1月に新たなスタートを切った。このブランドスローガンを「実体のあるもの」としてメンバー全員に伝えたいと思い、合言葉が書かれたカードを作成し、年の初めに全員に配った。全員で読み上げ、ブランド経営のスタート地点に立った。

次の章では、言語化されたブランドをもとに、様々な分野に「ビジュアル展開する」ことについて記述する。

特に、ＳＤＧｓ活動やマーケティング活動において、劇的な変化があった。「ブランドの言語化」に苦しんだ分だけ、想像以上に楽しい世界が待っていたことを伝えたい。

コラム

企業ブランディングに本気で取り組む企業

前作で**「志の高い経営者と出会い、切磋琢磨したい」という強いメッセージを発信したところ、数多くの同年代経営者とのご縁**をいただいた。日頃から、ブランド経営について、実践事例の共有をしている仲間の事例をいくつか紹介させていただく。

◎コインランドリー：株式会社サンキュー（https://39-cl.co.jp/）

福島県須賀川市を拠点に、コインランドリーを経営している株式会社サンキューという企業がある。「サンキュー・ランドリースペース」というブランドで、59店舗展開している。**岩井啓訓社長は2代目社長で、先代から引き継いだ会社のリブランディングに挑戦し**

ている。

利用者の心を豊かにする姿勢や仕事のやりがいをスタッフに感じてもらうことを大切にする理念がある。**地域に意味のあるランドリー**を目指し、ロゴを刷新し、ブランドの力を活用している。また、従業員にパーパス、ビジョン、バリューを含むブランドブックを配布し、人事評価で「ブランドブックの意識と理解」を評価項目に加えて社内向けのブランディングを推進。一方で、社外向けのブランディングとして、ロゴデザイン、キャッチコピーを通じて、ブランドコンセプト「つくる、とどける、つながる」を社外に発信している。

コインランドリーこそ、どこで洗っても同じと思われがちだが、岩井社長の取り組みを聞くと、あらゆる業種において「企業ブランディングが必要だ」と感じさせられる。

◎リノベーション：株式会社N's Create.（https://n-cre.jp/）

宮城県仙台市中心部で、主にマンションのリノベーションを行っているN's Create.という企業がある。**10年も前からブランディングの重要性に気づき、実践を重ねてきたブランディング企業**だ。

丹野伸哉社長は「ブランディングとは、徹底的にこだわりぬくこと。リノベーションという新しい分野を、仙台エリアで切り開くためには絶対必要な要素だった。ブランディング戦略は、経営のあらゆる戦略を網羅する」と語っている。

Ｗｅｂサイトのつくり方、写真の撮り方、店舗空間のつくり方など、ビジュアル開発についてて学ぶことばかりだ。東北を代表するブランディング実践企業である。

◎畳：有限会社久保木畳店（https://tatami-jp.com/）

福島県須賀川市に、畳工場でのブランディングに挑戦をしている畳屋がある。「地方の畳屋」である久保木畳店は、畳の価値を再発見し、ニューヨークなどで畳を販売するなど海外展開もしている。

後継経営者である久保木史朗専務は、父が経営する会社に入り、**畳を世界に発信すること**を**実行**に移した。「使命は畳を後世に残すこと、夢は畳を世界へ広めること」を企業理念として、ブランディングの力を活用している。

特に驚くのは、畳を発信するための畳カフェ付き工場「TATAMI VILLAGE」をつくり、ブランドを体感できる場所をつくったことだ。**地方の衰退産業とされる畳屋が、日本文化**

を世界に伝え、県内の優良企業として「ふくしま産業賞金賞」を受賞している。**日本中の中小企業に勇気を与える進化事例**である。

◎不動産：株式会社ユカリエ（https://www.yukarie.co.jp/）

宮城県仙台市若林区に、ちょっと他とは違う不動産業を展開している企業がある。

永野健太社長は、「物語をつなぐ」というビジョンをもとに、不動産に物語という付加価値を加え、「意味を開発する」不動産ビジネスを展開している。

「人に寄り添い、場所に寄り添う」というミッションの通り、「ジーバー FOOD」というジーちゃんバーちゃんがつくる手料理を、若い世代に届けるサービス開発などもしている。

宮城県初の小規模不動産特定共同事業者として登録され、不動産ファンドの活用にも挑戦している。まさに**進化し続ける不動産屋**だ。

「どうせなら永野社長の会社を介して、不動産を購入したい」と思わせるほどのブランド力である。今もなお、面白い不動産開発を続けており、わが社のブランド理念との相乗効果も楽しみである。

Dramatic Evolution

第 5 章

逆境をチャンスに変えたマーケティング

第5章の要約

中小企業もデジタルとリアルの世界において、その才覚を試されている。スマホの広がりは、我々にこの2つの世界での勝利を求める。一方の世界での成果だけでは、勝利とは言えない。ビジュアルとタッチポイントの強化は、両世界における成功の鍵となる。

ビジュアルは、企業の心を表す「旗」のようなもの。これによって我々の想いを示し、人々を惹きつけるのである。Webサイト、看板、ロゴなどがその表現の一端をなす。また、タッチポイントは、人々の心に深く入り込み、我々の存在を感じさせる手段だ。これらの要素を鍛えることなくして、人々の心を動かすことは難しい。

この戦いにおいて、デザインの力は欠かせない。個人で活躍するデザイナーの増加により、デザインを活用する敷居は低くなった。デジタルとリアルの世界を巧みに操るためには、デザインは大いに役立つ。デザインは単なる飾りではなく、我々のメッセージをお客様に伝える手段なのである。

例えば、インテリアコーディネートサービスを活用してお客様の心を惹きつけたり、建築端材を利用し、コストゼロでＰＲを行ったりするなど、ビジュアルとタッチポイントの強化は、人々を惹きつける効果がある。

だからこそ、中小企業経営者は、デジタルとリアルの世界を統合し、ビジュアルとタッチポイントを強化すべきである。デザインを活用することで、人々の心を掴み、ブランドを高めることが求められている。これらの道を歩むことで、変化の波をチャンスにし、より大きな成果を達成することができるだろう。

中小企業のビジュアルは伸びしろ

ほとんどのものがスマホでどこでも見られる時代においては、スマホでの戦略とリアルでの戦略の両方を磨かなければならない。スマホの世界で勝利しても、リアルが弱ければ成果はそれなりだ。残念ながら、**スマホの世界で負ければ、そもそもお客様は目の前に現れない。**

コロナ禍を経て、お客様サイドもさらに変化した。前作「地域No.1工務店の『圧倒的に実践する』経営」（日本実業出版社）で強調したように、**スマホシフトという変化は強烈**で、1人が1台スマホを持つ世の中となった。

感覚的には、2020年からの3年間で、デジタル化やオンライン化が一気に進み、スマホ活用は2倍から3倍のスピードで進化したのではないかと思う。文字から写真へ、写真から動画へ。通信環境も5Gとなり、超高速でデータのやりとりがされている。僕らが寝ている間も、おそらく24時間休みなくだ。

こうなってくると、単に「スマホ対応」しているだけでは、話にならない。**現在はデジタル空間（スマホ内）とフィジカル空間（実店舗や会社）での戦いを同時に強化することが求められている。**

ここであなたには、お客様の立場で考えてほしい。

例えば、ユニクロでフリースを購入しようとする。人気カラーで自分に合う「M」サイズを購入したい。最寄店に在庫があるかどうかは、行ってみないとわからない。しかしスマホで在庫を確認し、「在庫があった！」とわかれば、迷いなく店に足を運ぶ。足を運べなくても、スマホでオンライン注文し、自宅に届けてもらうこともできる。

デジタル空間とフィジカル空間は別々ではなく、融合したものとして僕らは体験している。どちらか一方だけを強化するだけでは不充分である。

デジタル世界のマーケティングにおいて、考えるべき重要なキーワードは２つある。一つは「ビジュアル」。もう一つは「タッチポイント」である。

◎ビジュアル

企業のビジュアルは、「ブランドを伝える機能」と「顧客を集める機能」を持つ。ビジュアルの具体例として、Ｗｅｂサイト、店舗、スタッフの服装、建築現場、看板、ロゴ、社長自身などが挙げられる。

◎タッチポイント

企業のタッチポイントは、お客様の目に触れる機会のことである。どれだけ魅力的なビジュアルを持っていても、それがお客様の目に触れる機会が少なければ、大きな集客は見

図29　ビジュアルとタッチポイント

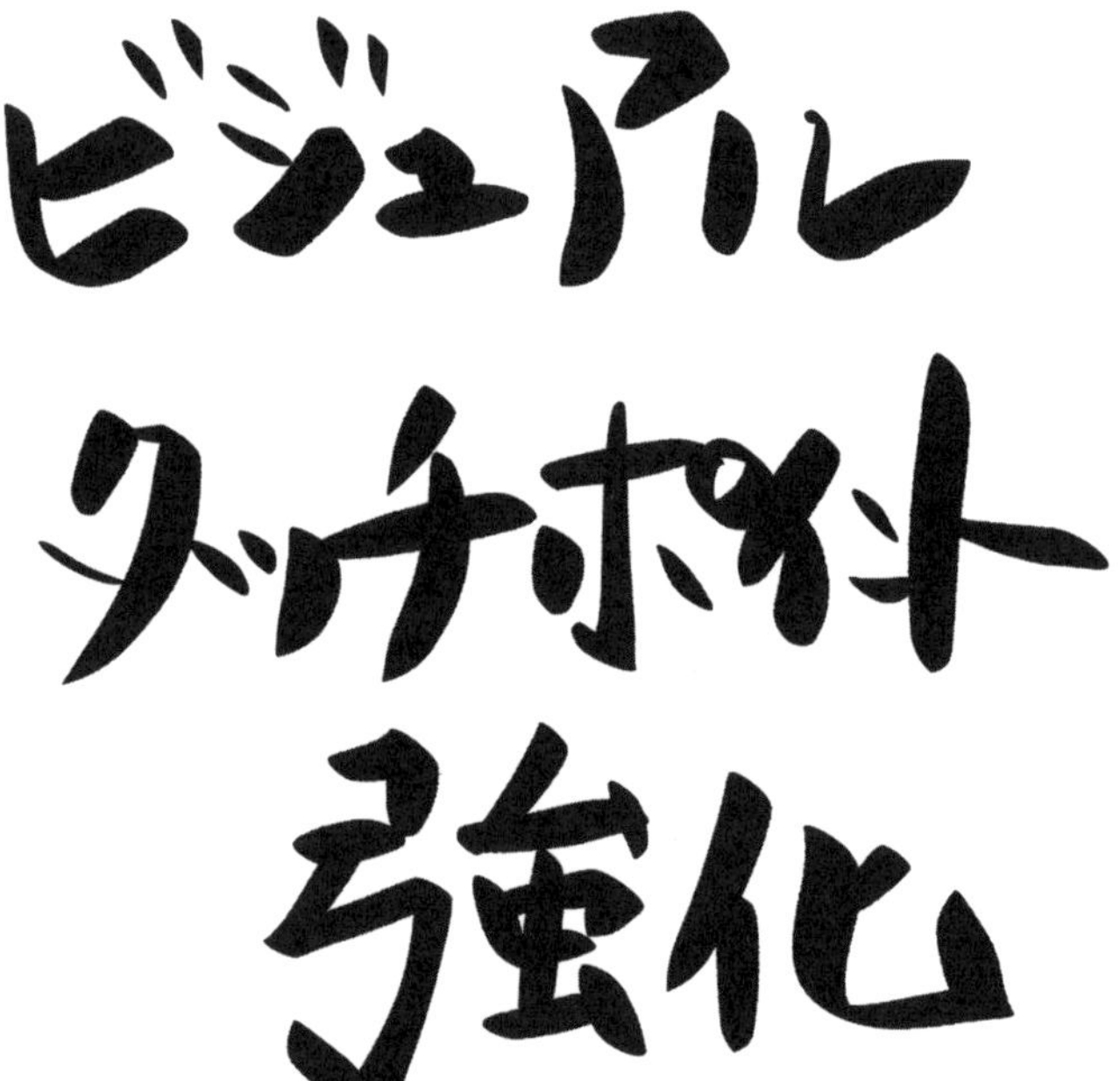

込めない。デジタル空間とフィジカル空間での活動を同時に行わなければならない。

タッチポイントの具体的なものとして、スマホ、パソコン、タブレット、電話、Ｗｅｂサイト、店舗、社員、協力業者、雑誌、ロードサイド看板、建築現場、テレビ、YouTube、ＳＮＳなどがある。

したがって、マーケティングの方程式は、

ビジュアルの魅力×タッチポイントの面積＝最大集客

となる。

ビジュアルとタッチポイントの両面を強化する企業が増えるほど、顧客体験の質が向上し、より楽しい世界になる。「スマホ画面はおしゃれだが、実際に行ってみると良くなかった」という声や、「実物は良いのにスマホが残念」という声も減るだろう。

スマホへのシフトは受け入れるしかない変化であり、チャンスと捉え進化させるべきである。そして、**地方の中小企業が直面する課題は、「ビジュアルをどう強化するか」**である。

わが社も長期にわたって課題意識があったが、解決の糸口を掴めずにいた。これは、見た目を変えることを意味し、デザイナーの力を活用する必要があるということだ。

デザインの敷居が下がった

ビジュアル強化には、デザインの力が不可欠である。Ｗｅｂデザイナー、スタイリスト、ロゴや本のカバーを生み出すデザイナーなど、それぞれの分野でデザインを得意とする「人の力」が求められる。

以前であればデザインの力を使おうと思うと、広告代理店を通さないとデザイナーに仕事を依頼することができなかった。広告会社や制作会社で働くデザイナー自身も、個人で仕事の依頼を受ける機会はかなり少なかったと聞いている。

コロナ禍で中小企業にとっての追い風は、フリーランスのデザイナーが増えたことだと認識している。フリーランスとは、会社ではなく個人事業主である。

僕はこの変化を、「デザイン活用の敷居が下がった」と捉えた。最初は慣れなくても、直接デザイナーに仕事を依頼することで、スピード感を持ってビジュアル強化を進めることができる。これにより、**中小企業でもデザインの力を利用しやすくなった。**

デザイナーの社員採用は必ずしも必要ではなく、分野と予算に合わせてデザインを強化できる。具体的には、Ｗｅｂデザイン、ロゴデザインなど、様々な分野でそれぞれのデザイナーと連携している。

では、**どうすればデザイナーとの接点を持つことができるのか。**ランサーズ（https://www.lancers.jp/）のような**マッチングサイトで探すことも1つの選択肢**だ。むしろ、この後に紹介する方法を実践する前に、マッチングサイトに登録をして具体的な仕事を2～3件「依頼する」ということをやってみたほうが良い。

あなたにフリーランスとしての経験がなければ、なおさらこのプロセスを甘く見ないほうが良い。個人のデザイナーと仕事をするために、フリーランスの理解を深めるとスムーズに仕事を進めやすい。

その上で、これから書く方法をぜひ実践していただきたい。その方法とは、**「直接紹介」**である。

「建売販売チラシを得意とするデザイナーさんを探しているのですが、ピンとくる方はいませんか？」

「企業ロゴや看板のデザインができる方を探しています。どなたかいらっしゃいませんか？」

と、徹底的に聞いてみるのだ。ポイントは、**「自分と一緒に仕事をしたことがある人」に聞くことが大事**である。有名なデザイナーと繫がることよりも、**「自分に合う方」と繫がるほうが何倍も重要**だ。個人のデザイナーさんも、仕事を探している。そして、どんな仕事でも請けるわけではない。自分の強みを発揮できる仕事を探しているのだ。

だからこそ、**企業とデザイナーの接点は「直接紹介」がベスト**であると考えている。

実際に「直接紹介」でご縁をいただいた、「Design Office Ay」の青野哲也さん（以下、青野さん）とのエピソードを交えて、次で「業務依頼の具体例」と「デザインの本質」に迫る。（https://designofficeay.wixsite.com/doay）

デザインはコミュニケーション

ビジュアルを強化するためにデザインの力を使っていくと、**デザインとはコミュニケーションである**ことがわかる。デザインの目的は、単におしゃれにすることではない。**本当に伝えたいことがデザインとして表現されていれば、言葉を使わずともお客様に伝えることができる。本質は、「誰に何を伝えるか」**である。

例えば、「建築現場」のデザインは「直接紹介」で繋がったデザイナーの青野さんに依頼した。わが社が建築現場に込めた想いは、「その地域に暮らす人に、開かれた現場にする。建築現場そのものが近隣の皆さんにメッセージを発信して、その街を明るくする」というものだった。

青野さんに依頼した理由は、**わが社の日常を最もよく知るデザイナー**だからである。カレーの会でわが社のメンバー全員と会っていることや、倉庫で汗を流す作業をしているところを青野さんは真剣に見てくれていた。

これまでの経験を聞いてみると、デザインプロダクションを数社経た後にフリーランスとなった20年選手。現在はテレビ関係のデザインや、会社・店舗などのアートディレクションを手掛けている。仙台商工会議所のエキスパートバンクにも登録していて、商工会議所とタッグを組んで中小企業サポートにも積極的に取り組んでいるなど、幅広い分野で活躍しているが、「建築現場のデザイン」は初めてとのことだった。

リアルなコミュニケーションを重視している僕にとって、**同じ時間と空間を共有しているデザイナーに、工務店の根幹である「建築現場のデザイン」を依頼することに意味があった。**地元のスターバックス北仙台店でこう青野さんに伝えた。

「今回の建築現場のデザインは、青野さんにお願いしたい。現場の職人さんは暑い日も寒い日も、ものすごく丁寧な仕事をしてくれている。そして、工事部のメンバーも本気で良い現場をつくろうとしている。青野さんしか考えられない。ぜひお願いしたい」

青野さんは、工事部のメンバーとの打ち合わせで、次のように語ってくれた。

図30　デザインとは

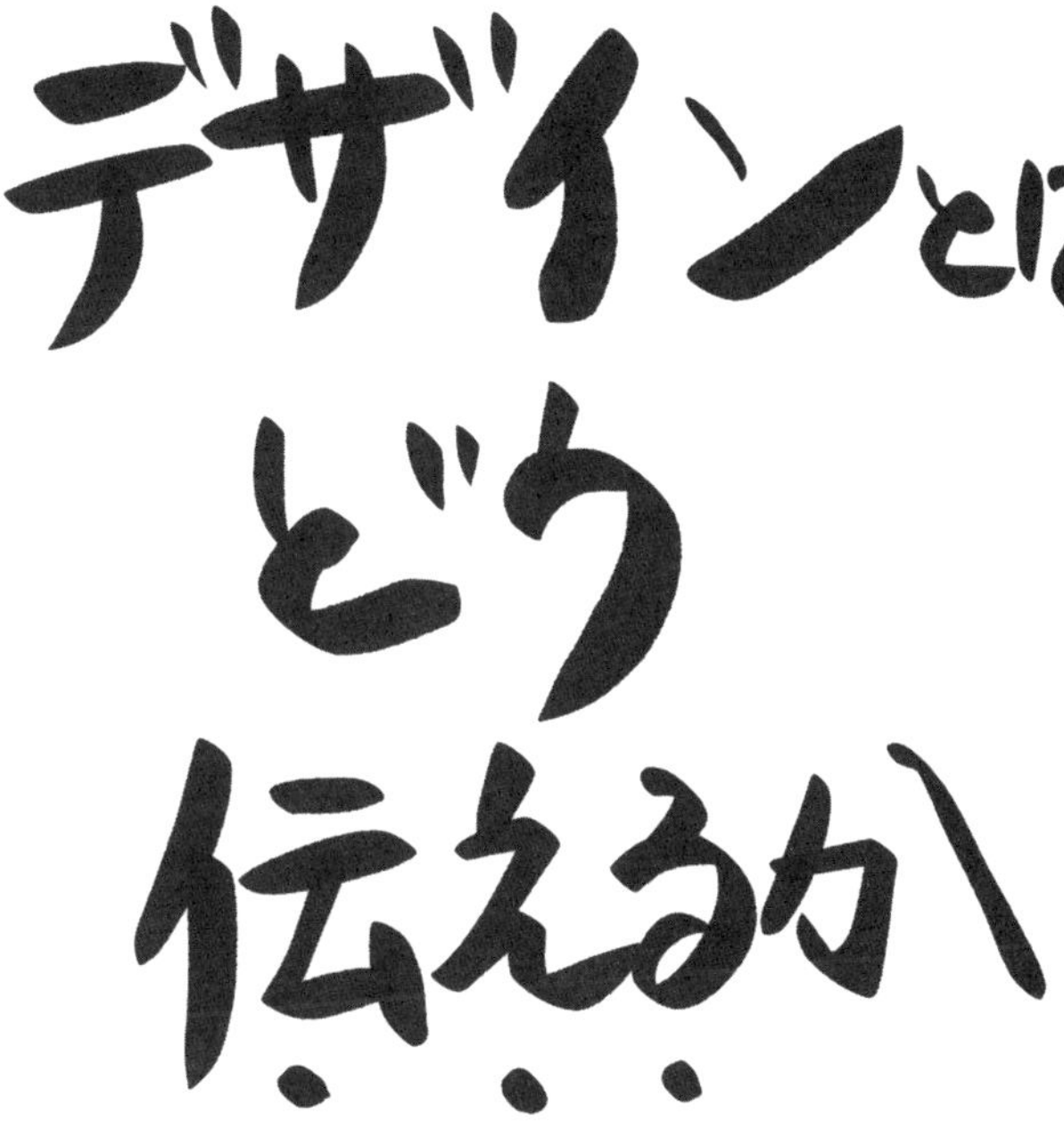

「何でも言ってほしい。自分ができることは何でもやります。もちろん競合他社のリサーチはしますが、一番大事なのは御社がどうしたいかです。御社の想いをデザインに込めて、どんどん発信しましょう。一緒に、良い現場にしましょう」

デザインはコミュニケーションである。建築現場は、言葉を使わずとも多くを語る。**あらゆるビジュアルにおいて、本当に伝えたいことを明確に言語化し、デザインの力を活用して強化する必要がある。**

次に、直近で実践した事例の中でも、住宅事業において劇的な成果を上げたビジュアル強化事例を紹介しよう。

魅力ある「商品写真」がもたらす爆発的効果

気がつけば、1人1台スマホ時代。コンビニの支払いや電車や新幹線の運賃まで決済できるようになった。1人1台スマホを所有することは、全ての人が高性能なカメラを所有することを意味していて、どんな商品もインターネット上で「事前に確認する」ということがしやすくなった。住宅も例外ではない。

わが社は集客の柱を「クチコミ」や「紹介」とし、ご来場いただいた方やご契約をいただいた方に「徹底的に尽くす」ことでここまで成長してきた。

ただ、その戦略１本には限界を感じていたのが本音だ。なぜなら、新規エリアへの出店には苦戦を強いられていたからだ。わが社のお客様が少ないエリアに出店した場合、どれだけ尽くしたとしても、クチコミの絶対数が少なすぎるのだ。したがって、何とか新しい集客の柱となるものを確立する必要があった。

そんな時に見つけたのが、「家具コーディネートサービス　カグログ」（※KAGLOG、https://kaglog.net）だ。**家具とインテリア雑貨を活用して、魅力的な宣材写真を開発するサービス**である。**百聞は一見に如かず。まずは、「あいホーム本店」と検索して、わが社のWebサイトを見ていただきたい。**

このサービスを活用すれば、**「低価格でおしゃれな空間」をお客様に提供**できるだけでなく、興味のあるお客様を呼び込むための「魅力的な写真」まで手に入れることができる。

「インテリアコーディネートに写真撮影がついただけでしょ？」と思われるかもしれない

が、**ありそうでなかった画期的なサービス**だった。その詳細を書く前に、どれほどの成果が生まれたのかを、ありのまま伝える。

わが社には販売に苦戦していた建売物件が10棟ほどあった。住宅が完成してから何ヶ月経っても、売れる見通しがない。何より、物件を見学に来るお客様が極端に少ない。担当店舗の販売戦略を聞いても、ほぼ打つ手なしだった。

ポスティングやInstagramによる発信はしているものの、効果的な打ち手としては機能していなかった。**行動に移しているのに成果が出ない**のは、本当に辛いものがある。

その状態から、**カグログにインテリアのプロデュースを依頼し、家具と雑貨を設置。インテリアを設え、プロのカメラマンに写真を撮影**してもらった。本音は、「はたして、本当に上手くいくのだろうか?」であった。

Webでの写真掲載を始めた。何と！　掲載後13日で申し込みが入った。苦戦していた4000万円を超える物件の申し込みには、関わる全員が驚いた。担当した若林店店長の堀内も「明らかにカグログの効果です」と話した。

さらに、そこから**怒涛の成約ラッシュ**。これまで苦戦していた物件が3ヶ月連続で毎月2件以上の受注をいただけるようになった。その時の広告媒体は次の4つである。

▽ Instagram
▽ ホームページ
▽ Facebook
▽ ポータルサイト（スーモ、アットホーム）

世の中に「インテリアコーディネート」というサービスがあるが、実は「家具を販売する目的」が多い。そのため、使う家具が限定される傾向にあるのと、お客様が求める「暮らしをイメージしたい」というニーズから外れてしまうことを多く感じる。カグログの「家具コーディネートサービス」はそこが大きな違いである。

「家具を販売する目的」ではなく、**「暮らしをイメージしてもらう」ためのインテリアコーディネート。実物を見たくなるような「魅力的な宣材写真」を開発するためのコーディネート。**ここが圧倒的に違う。

家具ブランドを限定しないし、予算に合わせて柔軟なコーディネートをすることができる。所有している家具を上手く活用することも可能だ。

図31　インテリアプロデュースの比較①

Before

After

図32　インテリアプロデュースの比較②

Before

After

そして肝心なのは、写真だ。良い写真の共通点は、「自然の光」である。少なくとも**太陽の軌道をしっかり見て、撮影時間を選ぶようなカメラマンを選定**すると良い。撮影する時間によって「背景となる空」や「室内に差し込む光」が全く違う。同じ物件を撮影するのでも、**撮影する時間によって、写真の魅力は大きく変わる。**

もう1つ付け加えるなら、魅力的な写真を撮影するだけでは不充分だ。地域の中で「圧倒的な違い」を出す必要がある。そのため、あえて地元のカメラマンではなく、神奈川県横須賀市にアトリエを構えるTOUWAKU PHOTOGRAPHY（https://10-89.com）の東涌さんにお願いをした。

170ページと171ページでこの取り組みのビフォー・アフターを比較してもらいたい。モノクロでも、違いが認識できるはずだ。

コラム

新サービスKAGLOG

「インテリア会社のサービスではなく、住宅専門の広告代理店が誕生させたサービスです。

顧客ニーズ・集客トレンド・マーケット分析・住宅会社の予算感に精通しているからこそ、効果的なプロデュースができます」と、KAGLOG（カグログ）の菊池社長は裏側を話してくれた。

「インテリアサービス」と「インテリア写真を活用した広告サービス」の融合として、2022年に誕生した新サービスだ。まだ業界に浸透はしていないが、顧客が求めることには合致している。

設置した家具・雑貨はわが社の所有となる上に、設置までしてくれる。撮影した写真データも全て自社の所有となり、Webサイト・SNS・紙媒体へと使い放題だ。一緒に苦戦物件の販売戦略を考えてくれる企業姿勢も導入に至った大きな理由である。

全て丸投げで成果が出るわけがないので、徹底的に実践する企業にこそ活用いただきたい新サービスである。

【サービス名：KAGLOG】（https://kaglog.net/）
提供企業：レンジャーモード株式会社（https://rangermode.jp/company）

コストゼロで企業ＰＲする「捨てない」取り組み

僕はあるきっかけで、**建築現場から出る「建築端材」（どうしても余ってしまう木材）を地域貢献と企業ＰＲに活用できることに気づいた。**これについてはかなり詳しく、「note」というサービスで書いたので、そちらも併せて読んでいただきたい。

（https://note.com/kenitoihome/n/n148285b4da13）

コストゼロの仕入れができる「建築端材」を活用することで、ブランド浸透・集客・顧客体験の向上など、企業のマーケティング活動の「タッチポイント」を増やす方法を発見した。コストゼロと書いたが、実際のところは産業廃棄物として処分するだけでお金がかかる。１棟あたり7・5㎥の木材が端材として出るので、年間２００棟の建築をするとなると約１０００万円のコスト（弊社試算）がかかる。

本来なら捨てるものを活用しようとするのは「生かす」という取り組みだ。これは持続可能な社会を目指すための、ＳＤＧｓ活動とも言える。だからこそ、僕は堂々とＳＤＧｓという社会貢献と、企業の利益最大化を実現するマーケティングを融合させて、「ＳＤＧｓマーケティング」と言いたい。

図33　SDGsマーケティングのロゴ

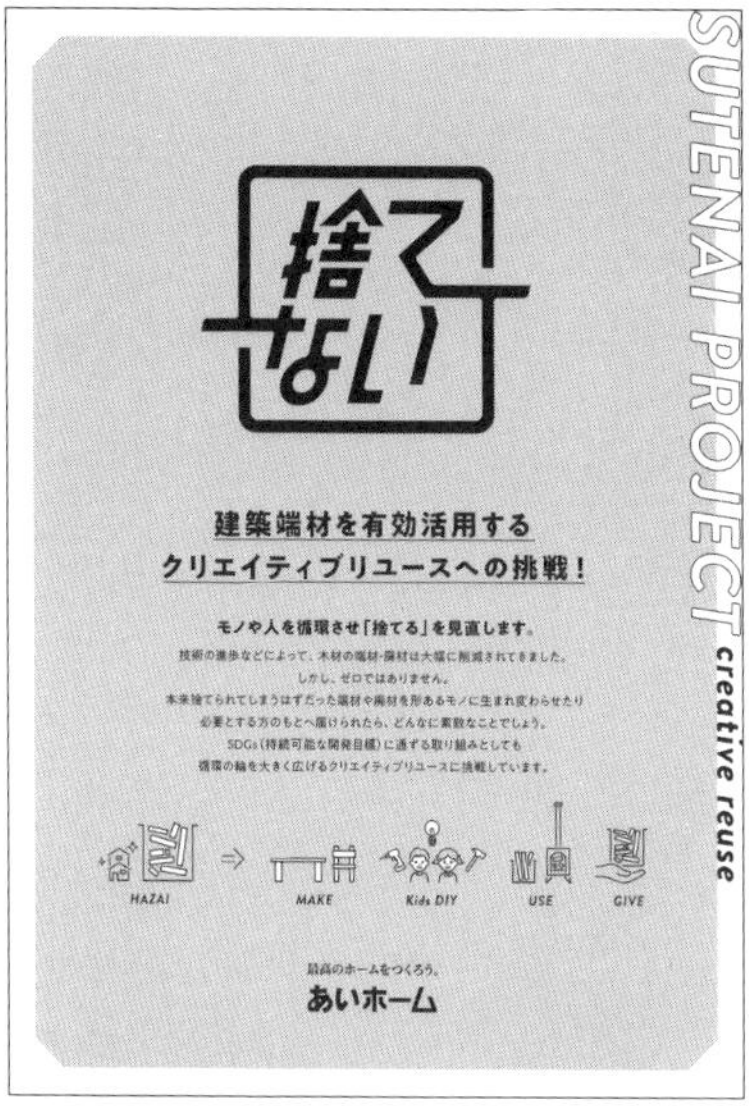

ポスター１

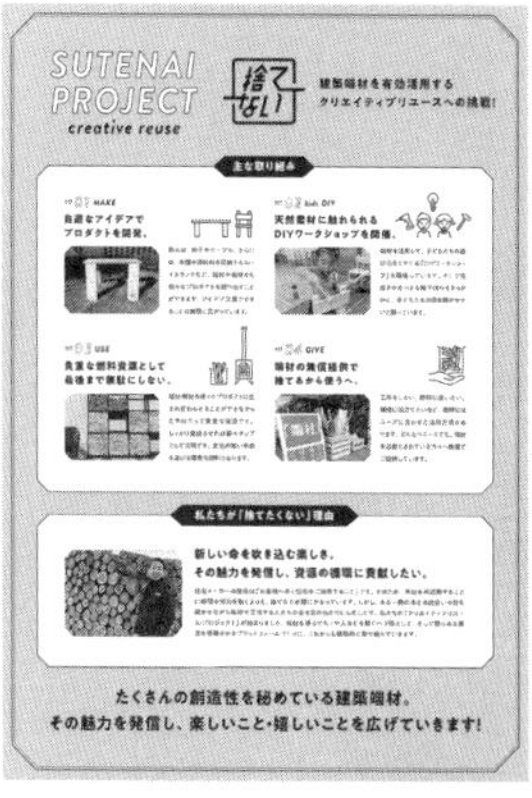

ポスター２

販売の様子

お金のために社会貢献をするのではなく、**社会貢献をしたい気持ちと利益を生み出したいという気持ちを同時に行うイメージ**だ。家具をつくったり、後述するワークショップを開いて子供たちに遊びの場を提供したり、社内イベントで食事をする時のツールとして使ったりする。

こういう**企業としての取り組みについてもデザインが活用できる。**ある日、デザイナーの青野さんから突然、

「謙さん、この取り組みを『SUTENAI』というちゃんとした取り組みにデザインしませんか？」

と言われた。

僕自身もこの取り組みを社内外に伝えたいという意識を持っていたので、やりましょうと即答した。何度かの打ち合わせを経て、「捨てない」という漢字のほうが、僕の強い気持ちを表現するのに良いということになり、ロゴ（前ページ）が完成した。

僕たちがつくったベンチにはこのロゴの焼印を押している。**このロゴを使いポスターを**

つくったことで、より多くの人にこの活動が知られるようになった。ビジュアルが強化され、タッチポイントが増えたのだ。これが、デザインの力である。

仙台に新しくオープンするコーヒーショップでも導入してもらった。現在、100台以上の端材家具が地元で使われている。本来捨てられていたものに何か手を加えることで、価値を見出せるものはないだろうか。自社にしかできないタッチポイントの開発を目指すべきである。

デザインの力を使って、ビジュアルを強化したり、タッチポイントを増やす事例として、「社員の服装」も挙げられる。**企業とは人である。**それを考えると、何を身に纏《まと》うのかでお客様に与える印象は全く違ったものになる。次は、着るものの話へと展開しよう。

ドレスコードをどう決めるか

ドレスコードについて、わが社の現状を共有させていただく。ドレスコードとは、服装規定のことで「仕事中に身につけるものとしてふさわしい服装」という意味での解釈だ。

工務店がドレスコードというと、あまりピンと来ないかもしれないが、**ブランディングやデザインを考える上で取り込むことは最も重要な要素**だと考えている。

理由は簡単で、**最も強い広告媒体が社員**だからだ。自分が勤める会社の悪口を言って、会社のイメージを悪くするようなネットの書き込みや話を聞いたことはないだろうか。**マイナスに作用するのであれば、プラスに作用させることもできる。**

日々の仕事の中で身につけるものを何気なく決めているのか、それとも自社の進みたい方向性やメッセージに合わせた服装を選んでいるか、メンバーにどんな思いを持ってもらいたいか、お客様にどんな気持ちになってもらいたいか、ここまで考え抜いて身につけるものを選んでいるかでは大きな違いが出てくる。

ただ、重要性に気づいてはいたが、具体的にどんな服を着るかを決めるとなると難しいものだ。制服のカタログを見ても、社員それぞれが年齢も体型も好みも違う。暑い寒いの感覚すら同じではない。

そんな時に1つのヒントになったのが、ドレスコードだ。ものすごい暑さの中、暑さをしのぐためには会社が決めた制服では対応しきれなかった。それならばと**イメージを崩さないだけの大枠の服装ルール、つまりドレスコードさえあれば良いのではないか**と思うようになった。

自社の意見をまとめた上で、適切なアドバイスをもらえるのは誰だろうと考えて、ファッションスタイリストの松田友紀さんに、このプロジェクトにアドバイザーとして入ってもらった。

松田さんは、雑誌モデルの衣装提案をしている方である。非常にユニークなのは、男性の服や女性の服など性別に囚われずスタイリングができること。また、子供からシニア層の服も得意。全てのジャンルに精通しており、ファッション愛を感じる方であり、いつも学ばせていただいている。

営業・設計・コーディネーター・現場監督など、全ての職種に共通のドレスコードを考える際には、総合的な知識が必要となる。さらに、**現場の声をきちんと掴むためのコミュニケーション力の高さ**も松田さんに依頼した大きな理由だ。ぜひお願いしたいとオファーしたところ、快く受けてくれた。

実際に打ち合わせに入ってもらうと、わが社のメンバーは大喜びだった。

「こんなに話が進むとは思わなかった！」

図34　あいホームのドレスコード

「楽しい。お客様に喜んでもらえるはず！」

ドレスコード会議に参加した、インテリアコーディネーターの女性メンバーはそう話してくれた。現場監督が着るものについても、わざわざ建築現場まで足を運び、生地の耐久性はどれほど必要なのか？　どんな汚れがつきやすいのか？　どんな動きをするのか？　など、**ポイントを押さえてニーズを把握する姿勢には感銘を受けた。**

わが社のWebサイトで一新したドレスコードを確認できるので、ぜひ見ていただきたい。今後は、春夏に着るものと秋冬に着るものを、意図をもって選定していく。

ここまで読んでいただいたように、ブランディングで核となる言語化ができると、ビジュアル強化にブレがなくなる。ビジュアル強化は止まらない、止められない。**ドレスコードに取り組んだ効果を最大化**するために、Ｗｅｂサイトもそれに見合ったものにしておきたいところだ。

服装の変化に、Ｗｅｂサイトが死に物狂いでついていく。また新しい実験的な取り組みをして、Ｗｅｂサイトのリニューアルを進めた。Ｗｅｂサイトも次の次元へ！

「スマホンシブ」のＷｅｂサイト

社長巡行で各店長と話をしていると、わが社のＷｅｂサイトのビジュアルについて、**「言いたいけど言えなかった」課題意識**を持っていることがわかった。

自分が努力すれば何とかなる分野とならない分野があり、Ｗｅｂサイトのビジュアルについては会社として取り組まなければ、改善することはできない。**店長との対面によるコ**

ミュニケーション機会をつくらなければ、把握することができなかった「生の課題意識」だった。

3年前に実施したサイトリニューアルの経験上、Webサイトは奥が深い。本当に必要なコンテンツ整理・お客様がサイトを見る動線設計・社内意見の抽出など、膨大な時間が必要となる。そして、リニューアルをしたからといって、短期的に著しい成果が上がるとは限らない。

それでも、各店長の「言いたいけど言えなかった」課題意識に対しては応えたい！　と思った。**対面コミュニケーションで掴み取った真の課題こそ、わが社の成長分野**だ。

僕は、**サイトリニューアルを即決**した。だが、前回と同じプロセスでは、同じようなリニューアルになってしまい、現場の声に応えられるか不安もあった。

何より、スピード感が必要だ。何ヶ月かけても、上手くいくかわからないのであれば、**短期間でリニューアルして、お客様や社内の反応を見ながら、さらに変えていけば良い**と考えた。

まず初めにやったことは、「**コミュニケーションにコストをかける**」ことだった。これは、大胆にやった。

わが社のＷｅｂチームは社外パートナーで構成されている。このパートナーたちが、社長だけではなく、社内メンバーと繋がること。わが社の企業文化や社風を少しでも体感してもらうこと。それが、全体のＷｅｂ改修業務を減らすことに直結する。

コミュニケーションにかけるコストをケチると、結果的にコストは高くつくと考えたのだ。これを、「社外パートナーの社内統合」と呼んでいる。

東京にいる社外Ｗｅｂチームを呼び、交通費や打ち合わせにかける時間にコストをかける（報酬をきちんと払う）ことで、全体のコストは削減できることになる。さらにでき上がるリニューアルサイトもより良いものとなる。そう仮説を立てた。

早速、わが社のコミュニケーションイベントである「カレーの会」にＷｅｂチームを招待し、社員全員に会ってもらった。

東京の自宅でパソコン（ＰＣ）を前にして、ずっとコードを書いているプログラマーの池田さんが、「来て良かった。めちゃくちゃ仕事が楽しくなった。**直接店長さんたちからの要望を聞いて、どんなことがＷｅｂサイトに求められているのかはっきりわかった。**何度打ち合わせしても、これだけ明確にニーズを把握することはできない」と語ってくれた。

サイトは、「スマホンシブ」という考え方を採用しようと考えている。これだけスマホが普及しているのだから、**スマホ画面をメインとし、その画面を生かしたパソコン画面を構築するという考え方**である。これは「スマホを優先した」レスポンシブデザインの一形態であり、パソコン画面を無理矢理小さくしてスマホ画面にする一般的なレスポンシブデザインとは異なる。このアプローチは、パソコン画面のデザインを犠牲にすることもあるが、**スマホユーザーを最優先に考えると、顧客体験は各段に良くなる。**

ナビゲーションバーと呼ばれる親指操作のボタンは、上部ではなく下部に配置する。スマホは親指で操作するため、親指が届くところにボタンを配置しなくてはならない。ナビゲーションバーが下部にあるスマホサイトはまだまだ少ないが、時間の問題ですぐに当たり前のものになると考えている。

Ｗｅｂサイトにお客様が求めることは、刻々と変化する。そのため、一度変えて長期的に使うよりも、スピードを重視したリニューアルができる瞬発力を磨くべきだ。そのためにも、**社内外を横断したＷｅｂチームをしっかりつくることが重要**である。

これだけやっても、ビジュアル強化とタッチポイントを増やすことは、まだまだ道半ばである。やればやるほど成果が出るのだが、忘れてはならないことがある。わが社が大事にしているクチコミについて、改めて次で伝えたい。

クチコミの源を大きくする

地方の中小企業が大企業に打ち勝つチャンスは、「限定された地域」でビジネスを展開していることにある。その地域に長く密着することは、大企業にはできない。そこを逆手にとった経営を目指すべきだ。

前作で顧客管理の重要性と、人縁・地縁・信縁のネットワークを構築することを伝えた。これをしっかりデジタルで管理することができれば、次の世代に引き継ぐことがしやすくなる。

地方の中小企業にとって最も強いマーケティングは、クチコミだ。だが、クチコミの源となる「ファンの数」が少なければクチコミの量も少なくなる。だからこそ、**新しい顧客**

の開拓を怠らないことが大切なのだ。目の前のお客様にどうやったら喜んで感動してもらえるかを考えて、**クチコミの本質を捉えた活動をしっかり行うことと両立**しなくてはならない。

ドラッカーは、「事業とは顧客創造だ」と言った。この顧客創造をするには、ビジュアルとタッチポイントを強化し、ＳＤＧｓと営利活動を融合させる。**デジタルとフィジカルを融合させた顧客サービス**にしていく。

全て同時にすることはできないが、**やりやすいものから始めれば良い。とにかく止まらず、１歩でも前に進める。そうすると、必要な仲間が現れるのだ。**

第４章で書いたブランディングと、本章のデザインの組み合わせは爆発的な力を生み出す。これを実践している現在進行形で、日々それらが加速している。多次元にわたってタッチポイントが増え、新たな顧客を開拓することに繋がっている。

「『ブランディング』や『デザイン』は、中小企業には難しい」と思っていた過去の自分にこそ、読ませたい内容である。

Dramatic Evolution

第 6 章

劇的に「進化」させた具体的な打ち手30

打ち手 1

「トライアスロン」で強い健康をつくる

シンプルに、体力勝負で勝つためにはトレーニングが欠かせない。**新しい物事に挑戦するためには戦略的に時間配分**をし、それを**やり続けるだけの体力**が求められる。

疲れづらい強い体と健康を、最も効率的に実現できるのがトライアスロンだと考えている。**経営者が取り組むスポーツとして、2つのプラス要素がある。**

1つ目は「**疲れなくなること**」である。トライアスロンは、1.5キロ泳いで、40キロ自転車に乗り、最後に10キロ走る（もっと長いレースもあるが）。これがベースとなる。こういう種目をやろうと思うと、日常の中にトレーニングを入れ込まなくてはいけない。

僕の場合は朝しか練習時間がとれないので、朝4時起きでランニングをしたり、自転車練習を行う。そういう日々を過ごすと、「疲れた」ということがなくなるので、パワフルに毎日を過ごせる。

2つ目は「**時間の使い方が上手くなること**」である。3種目のトレーニングを効率的に行わなければいけない。種目と種目の切り替わりも仕事によく似ていて、好きな要素だ。

精神の若さは、体の強さが土台となる。４〜５時間を走るフルマラソンと比べると、３時間ほどで３種目が終わる。意外と体への負担は少ない。また、**トライアスロン仲間の絆は強い。同じ思いを共有しているからこそ、経営者仲間の切磋琢磨も生まれる。**僕の経営の下支えをしてくれていることは間違いない。

打ち手２

「運動会」を入社3年目のメンバーと企画実行する

組織内の「若手社員こそ、最も伸びしろがある人材」と考えれば、どのように力を引き出すかが組織のパフォーマンスに大きな影響を与える。彼らが力を発揮するとはどういうことなのか。

まず、若手社員がどんな社内イベントを求めているかを理解する時間を設けた。入社１年目と２年目のメンバーを集め、「社内イベント」について考えてもらった。自分たちがやりたいことを自由に話し合ってもらった結果、最終的に実現したいことは、「旅行」と「スポーツ」に集約された。

これは意外な結果だった。社員旅行やスポーツ大会は今の若手社員からは望まれていないと考えていたが、そうではないということがわかった。おそらく、社内の入社5年以上の先輩社員たちは、若手社員が社員旅行やスポーツ大会を望んでいるとは思っていなかったはずだ。

そこで、**社長と若手社員だけの「実行委員会」を設立**した。**社内イベントの企画と運営を行うチーム**である。**若手社員だけでは上司に気をつかい忖度が生まれ、企画を考えづらい。そこに、社長が加わることで実行力が生まれ、意思決定がスムーズになる。**

最初に手がけたのは運動会だ。運動会の種目選定やチーム分け、優勝チームへのご褒美設定、当日の運営など、様々な業務を行った。**わが社における効果は5つあった。**

1　若手が会社全体を見る視点を持った
2　若手とベテランの垣根が低くなった
3　若手の活躍の場が増え、会話が活発になった
4　若手のデジタル能力が会社に生かされた
5　社内イベントによって社員満足度に貢献できた

打ち手
3

「クリーン&グリーン活動」で一体感をつくる

行きすぎたデジタル化によって、**本当に大事なことを見失っていた時に、僕は掃除を始めた。**ゴミが落ちていても拾わない。外壁が汚れていても、誰も掃除をしない。スリッパが散乱していても整えない。そんな状況だった。

経営者同士の勉強会にて、栃木の酒蔵を視察した。整然とした蔵の中を見た時に、はっとした。**まずは本社を徹底的に掃除して、整理整頓**をしよう。これをしなければ、良い建築現場をつくることなどできない。

冬場だったが、高圧洗浄機で本社の外壁を洗ったり、こびりついている苔なども徹底的に除去した。それをやっていると、本社の周りの草木が春を迎えるのが楽しみになった。これについては、詳しく「note」に書いたので、そちらも参照いただきたい（https://note.com/kenitoihome/n/n148285b4da13）。

その取り組みから**生まれたコンセプトが、「クリーン&グリーン」**だ。まず、掃除をすると気持ちが良い。草木の手入れをすると気持ちが良い。僕自身のこの体験から、本社全員でそれをやればチームの一体感も高まると考えた。

毎週金曜日の朝に全員で、本社の敷地内や敷地外の国道の歩道などを掃除する。

わが社は、国道4号線という青森から東京までを結ぶ道路に面している。国道4号線に沿った歩道の中で、最もきれいで美しい歩道を目指している。国交省に許可を得て、歩道の街路樹の管理もさせてもらっている。

「掃除や草木の手入れ」こそ、各地域の企業が取り組むべきことではないだろうか。

打ち手4

「端材の無償提供」で地域に根差す

宮城県石巻というエリアで、店舗にて端材提供を始めてみた。地元紙に掲載されると、数多くの方がとりに来てくれた。

正直なところ、建築端材を無償提供するには、現場から店舗まで運ぶ必要があり、手間がかかる。持ち帰りやすいようなサイズを選定しなくてはならない。

それでも**企業と地域とのコミュニケーションの1つとして、端材を提供することは意味のあること**だと考えている。端材を受け取った方が、住宅を建てていただくことは少ないかもしれない。それでも、「返報性の法則」という、何かをもらえば何かを返したくなる人間の本質的な心理があるので、**やり続けることで地域に根差した存在になっていく**と考えている。

第5章で述べた「SDGsマーケティング」そのものだ。すぐには成果が出づらいため、それに携わるメンバーが「なぜこんなことをやっているんだろう?」とならないような、モチベーション維持が課題だ。継続可能な仕組みを磨いていく。

打ち手5　「端材キッズチェア」のワークショップをする

端材無償提供と同時に開発した、**お客様とのコミュニケーションイベント**である。お子さんのために家づくりをするお客様を対象に、端材でキッズチェアを一緒につくるワークショップをやってみた。

石巻店で試験的にやってみると、お子さんたちは大喜び。そんなお子さんたちを見ている親御さんも喜ぶ。つくったキッズチェアは持ち帰ってもらい、自宅で使ってもらう。

僕は子供の頃に、木材を使って遊ぶ機会がなかった。だからこそ子供たちに木を使って遊ぶ機会を提供してあげたいと思っている。

店舗にとってプラスに働いたのは、Googleマップのレビューである。キッズチェアづくりを体験してくれたご家族が、ご好意でクチコミを書いてくれたのだ！　レビューを見て店舗に来場される方も多い。

子供たちが自分の手で何かをつくる体験は、創造性や自己表現の能力を育む貴重な機会となっている。こうした**ポジティブな影響は、店舗の評判を高め、さらに多くのお客様を引き寄せる効果を持っている。**

将来的にはこのイベントを他の店舗でも展開し、より多くのご家族に楽しんでもらえるように計画している。

打ち手
6

「東北ふるさと体験」という顧客サービスをつくる

「地域の異業種と連携をして、何か新しい顧客サービスをつくれないだろうか」と考えて生まれたのがこの「東北ふるさと体験」である（プレスリリース記事：https://prtimes.jp/main/html/rd/p/000000006.000072573.html）。

それまで、住宅を建て終わったお客様とわが社のメンバーの接点は、ほとんどなかった。住まいに不具合があるとか、年末年始のご挨拶程度のみ。クチコミや紹介を「企業成長の柱」と位置付けているので、お客様との接点は非常に重要な意味を持っている。どれだけ良い人だと思われていても、疎遠な人には紹介をしづらい。

営業社員に聞いてみると「手ぶらでは会いに行きづらい」という意見があった。それで、何らかの手土産を開発すれば良いという考えに至った。その手土産を、地域の応援になるものにすれば、受け取ったお客様に地域を知るきっかけをプレゼントすることができる。

そこで見えてきたのは、**地元の農家・地元の酒蔵・地元の画家とのコラボレーションで、オリジナルの酒をつくる**ことだった。

結心ファーム（米農家）・寒梅酒造（酒蔵）・古山さん（水彩画家）と、７２０ミリリットルの酒を１０００本つくって、マイホームでお酒を飲んでもらう体験を実施した。できた酒は本当においしくて、良い東北ふるさと体験になったのではないだろうか。今後も東北の文化を応援する体験を増やしていきたい。

このプロジェクトによって、地域の特色を生かした特別な手土産を創出することができた。次のステップとしては、この経験を生かし、地域の食材や工芸品を取り入れた新たなイベントも企画していきたい。

打ち手 7
「漫画と音楽」で社長の人柄を伝える

社内の人間関係について本気で考えた時に、**社長である僕の人間性をオープンにすることが、**わが社のメンバーにプラスな影響を与えると考えた。

必死でメンバーと共通のテーマを探した時に、浮かび上がってきたのが「漫画」と「音楽」だった。自分が好きなものを相手が好きであれば、その話をすることでぐっと関係が近くなる。

それまで、社員全員が集まる場で、自分の趣味のことを話すことなど一切なかったが、あえて漫画や音楽についてPowerPointのスライドに入れるようにした。「ONE PIECEのルフィ」「キングダムの信」「小田和正」「ゆず」など、自分の好きなものを表現する。社長と一緒にいる時間が長ければ、わかってもらえる度合いは高いが、社員全員と同じことはできない。

漫画や音楽を使って自分を表現することで、短い時間で僕の人柄を伝えることができ、腹を割って何でも話せる関係が醸成されていく。

社長の趣味に関するオープンな姿勢が、メンバーたちにも良い影響を与え、互いの個性を尊重する文化が育っていく。メンバーたちは互いの隠れた才能や興味を知る機会を得る。これが相互理解を促進し、チームとしての結束力を高める結果に繋がっていく。

打ち手8　サウナ部のサ活でフラットな関係を築く

社内メンバーとの信頼関係を構築していくために、以前であれば「飲みニケーション」が大事だと言われていたが、僕は**「サ（ウナ）ミーティング」をかなり多く取り入れてい**

る。平均すると、月に2回以上になるだろう。

経営幹部とのビジョン共有のため。若手メンバーとの関係構築のため。社外パートナー企業との関係構築のため。活用は多岐にわたる。もともとサウナが好きだったこともあるが、運動するより負担が少なく汗をかけるのと、良いサウナ施設が増えたこともあって、積極的に取り入れるようになった。

感覚としては、1対1の会食（いわゆるサシ飲み）を3回したぐらいの信頼関係構築効果があると思われる。「社長と一緒にサウナに行った」が入部条件となり、現在は11名のサウナ部員がわが社にいる。

モデルのMEGUMIさんも「1000以上の美容法からほんとに効いたものだけを教えます！」と、著書の中で次のようにサウナのことを書かれている。（『キレイはこれでつくれます』ダイヤモンド社）

〈ここ2年はどんなに忙しくても週1回のサウナは死守しています。〉

男女問わず、サウナは良い。「肌がキレイになるし、なにより疲れがめちゃくちゃ取れる！」とMEGUMIさんが言っているように、一生懸命仕事をする人こそ効果を実感するはずだ。

好きが高じたことと、サウナー（サウナを愛する人）が増えたこともあり、ホームサウナ事業も少しずつ始めている。**寒い地域だからこそ、体を温める習慣としての東北ホームサウナ文化にも貢献していく。**

打ち手9 「社長ボイスレター」を社内配信する

社内のメンバーに伝える手段として、また1つ新しい引き出しが増えた。それが音声配信である。チャットでは想いが届かない、Zoomも飽きているし、動画をチェックする時間はとれない。長文も読みたくないだろう。

そんな時に思いついたのが、ボイスメモを送ることだった。**社内メンバーへの手紙のようなつもりで話すので、ボイスレター**と呼んでいる。

時間にすれば約10分。Bluetoothイヤホンを片耳に挿していれば、パソコン作業をしながらでも、現場作業をしながらでも、運転しながらでも聞くことができる。

特に重要な連絡事項や何としても1人ひとりに届けたいものについては、リアルタイムで配信するようにしていて、感覚的には月に1～2回の配信が、多すぎず良い気がする。今後の社長のコミュニケーション手段として選択肢の1つに入れるべきだと考える。

この**ボイスレターは、個人でもフル活用だ。家族への感謝の気持ちや日常の出来事を音声で伝えることで、より深い繋がりを築くことができる。**また、自己表現の1つとして、自分の思いを音声で記録することも有意義である。これらの試みは、人間関係の質を高め、新しい自己発見に繋がっている。

打ち手 10

「同行研修」の目的を人間関係構築にする

新卒採用から中途採用に大きく方向転換をして、入社後の初期研修もガラッと変えた。それまでは知識研修がメインで、社内テストの過去問を実施することによって、必要な知識を頭に叩き込むような研修をしていた。

これは以前、入社後の新入社員との個人面談時に、面談をする全員が「知識に自信がない」と課題意識を持っていたので、社内テストを開発し実施していた。

ところが最近では、知識よりもっと課題意識のあるものを発見した。それが、「本社の方々と話しづらい」という、人間関係の課題だった。逆に本社のメンバーも新入社員と話す機会がないため、仲が良くなる機会がなかった。

そこで僕は、考え方を改めた。**わが社の社員としての土台は、本社にいる約30名との人間関係**である。きっちり1対1の関係が築けていれば、困った時に気軽に話すことができる。

それを実現するために、**入社1ヶ月間はひたすら同行研修する**ということを思いついた。例えば、今日は午前中が社長と3時間、午後はまた別のメンバーと3時間。研修の内容は、先輩社員に全て任せた。知識が重要ではないからだ。

その結果どうなったのか。**「話しづらい」「聞きづらい」という声は激減して、社員育成の体制が整い、新入社員からすると「短期間で会社に馴染む」ことに繋がった。**環境に慣れるということを意識的に支援する手法である。

この同行研修は、特に社内の人間関係に不安を感じている20代の社員にとって一石二鳥の効果がある。彼らは、日々の業務を通じて経験豊富な先輩たちと自然な形でコミュニケーションをとることができ、仕事のノウハウだけでなく、人間関係を築くコツも学ぶことができる。

これにより、彼らの中の不安感は解消され、自信を持って職場で活躍するようになるだろう。

打ち手 11

「振り返り」を初期研修で徹底する

同行研修とセットで実施したのは、1日1回の振り返りである。この振り返りをすることで、**1日に起こったことから多くのことを学ぶことができる**。大事なのは「振り返りの方法」だ。時間を与えて、ただ「振り返ってください」と言っても、深い振り返りにはならない。

振り返りの手順は次の通りである。

印象に残ったことを3つ挙げる。その中で最も印象に残ったことを1つ取り上げる。な

図35　振り返りのシートの例

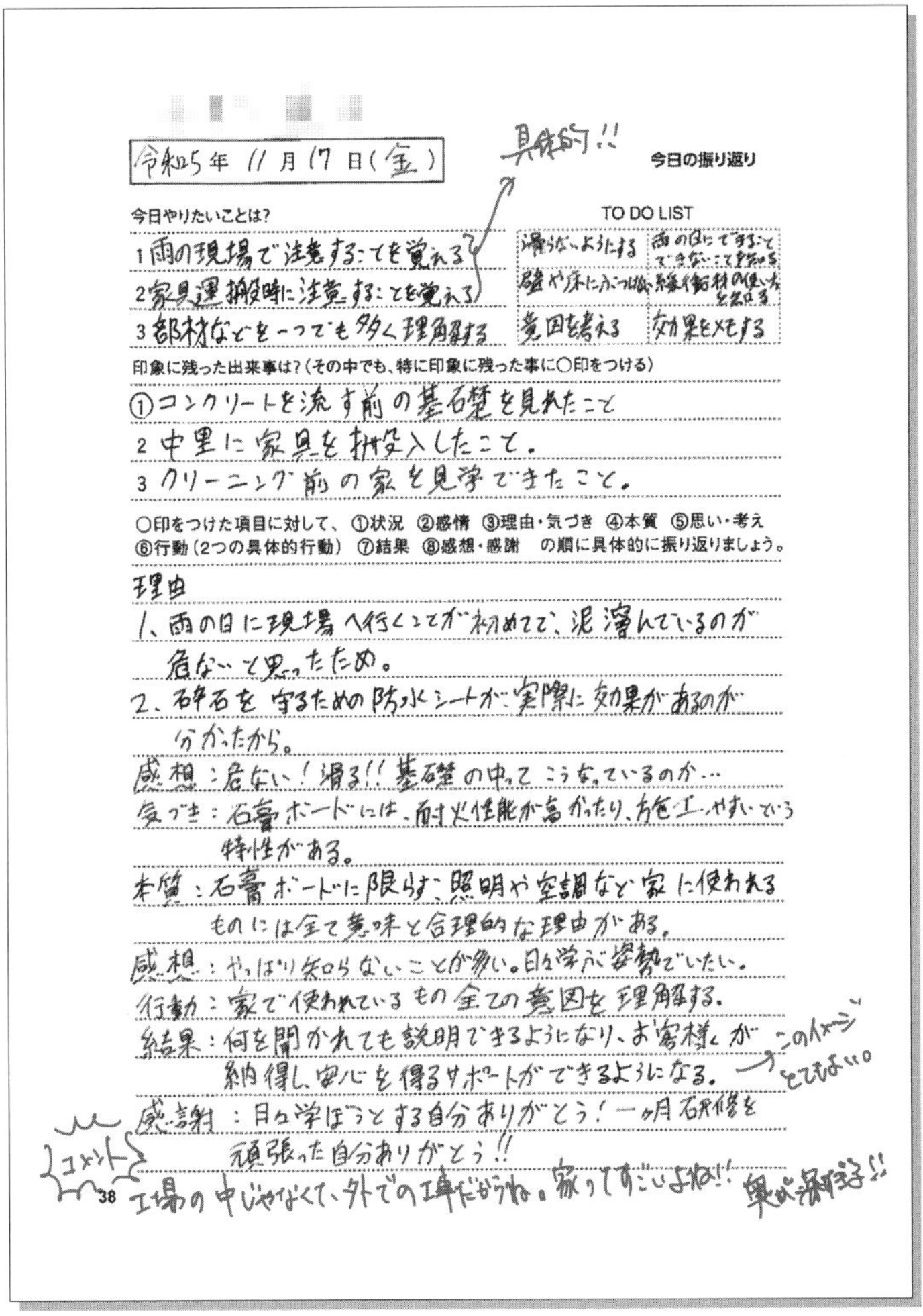
令和5年 11月17日(金)

具体的!!

今日の振り返り

今日やりたいことは?

1 雨の現場で注意することを覚える

2 家具運搬時に注意することを覚える

3 部材などを一つでも多く理解する

TO DO LIST

滑らないようにする	雨の日にできることできないことを知る
壁や床にぶつけない	緩衝材の使い方を知る
意図を考える	効果をメモする

印象に残った出来事は?(その中でも、特に印象に残った事に○印をつける)

①コンクリートを流す前の基礎を見れたこと

2 中里に家具を搬入したこと。

3 クリーニング前の家を見学できたこと。

○印をつけた項目に対して、①状況　②感情　③理由・気づき　④本質　⑤思い・考え　⑥行動(2つの具体的行動)　⑦結果　⑧感想・感謝　の順に具体的に振り返りましょう。

理由

1、雨の日に現場へ行くことが初めてで、泥濘んでいるのが危ないと思ったため。

2、砕石を守るための防水シートが実際に効果があるのが分かったから。

感想：危ない！滑る!! 基礎の中ってこうなっているのか…

気づき：石膏ボードには、耐火性能が高かったり、施工しやすいという特性がある。

本質：石膏ボードに限らず、照明や空調など家に使われるものには全て意味と合理的な理由がある。

感想：やっぱり知らないことが多い。日々学ぶ姿勢でいたい。

行動：家で使われているもの全ての意図を理解する。

結果：何を聞かれても説明できるようになり、お客様が納得し、安心を得るサポートができるようになる。

このイメージとてもよい。

感謝：日々学ぼうとする自分ありがとう！一ヶ月研修を頑張った自分ありがとう!!

コメント

工場の中じゃなくて、外での工事だからね。家ってすごいよね!! 鬼が渦状子!!

38

ぜ印象に残ったのかを考える。そこから気づきを得る。自分の感情を表に出す。**本質的な学びを得て、次の行動に生かすヒントにする。**最後に自己肯定感を上げるために、自分に感謝を述べる。このような書式でやると、30分ほどかかる。（前ページ図の例を参照）

これを教えてくれたのが、質問型営業の青木毅氏である。青木氏は、何十年間もこの習慣を続けている。ドラッカーもこの「リフレクションの重要性」を語っている。

僕は、それをさらにより良いものにするために、工夫を加えた。**1ヶ月間、毎日振り返りシートに手書きのコメントを加えてフィードバック**した。この内容を社内全員に共有して読むことによって、全員が新入社員の成長を応援することにもなる。**入社1ヶ月が戦力化できるかどうかの勝負だと心得ておこう。**

また、この振り返りは、新人研修だけにとどまらない。社員のセルフマネジメント能力を高める重要なツールとなる。**定期的な振り返りは自己認識を深め、自分の強みと弱みを理解する機会にもなる。**

打ち手
12

「bot」通知の仕組みをつくる

「あいｂｏｔ」という、通知をしてくれるロボットを開発した。毎日18時になると、その日に動いた「現場名」が、全員のＬＩＮＥに届く仕組みだ。

わが社では施工管理アプリ「Kizuku」を使っている。またメインのコミュニケーションサービスはLINE WORKSだ。そのため施工管理アプリ「Kizuku」での動きを毎日ＬＩＮＥで通知させてくれるロボットがいれば、デジタル上のコミュニケーションは円滑になると考えた。ＡＰＩ連携という技術を使ってアニューマの清野さんとロボット開発をした。

「人がすべきことを人がやる。ＩＴに任せたほうが良いものはＩＴに任せる」

これはデジタル化を進める時に、最も大事にしている考え方だ。

通知ロボットの活用はまだまだ可能性がある。**社員全員で喜びたいことが毎日同じ時間に届くのは楽しい**ものである。この通知ロボットの導入によって、日々の業務において重要な情報をリアルタイムで共有することができるようになる。

これによって、現場の課題に対して迅速に対応する組織となり、プロジェクトの遅延や誤解を防ぐことが可能となる。さらに、この自動化によりメンバーは煩雑な情報収集から解放され、より創造的で価値の高い仕事に集中できるようになる。

デジタル技術の活用は、仕事の効率化だけでなく、社員のワークライフバランスの改善にも貢献する。まだまだ磨きたい分野である。

打ち手13 「ネット高速化」を実現する

大量の写真データや動画のやりとりをする上で、インターネットの通信速度は生産性と直結する。また、クラウドサービスを利用して社内データを管理していれば、社内の「パソコン（ＰＣ）作業の効率は通信速度で決まる」と言っても過言ではない。

わが社の本社は、メインのネット通信とサブのネット通信を使っている。目的は、常に最高のネット環境をつくるためと、ネット高速化を磨き続けるためだ。メインを磨く時にネットを使えない期間がある場合は、サブを使う。サブを磨く時は、メインを使う。

現在、**メンバー１人が持つネット接続機器は平均４台から５台。**パソコン、会社用スマホ、個人スマホ、タブレット。これだけで４台である。

一般的に、１つのルータでネットワークに接続できる端末数が、２５４台となる。社員

30人が１人５台持っていれば、それだけでネットワークに接続する機器は１５０台になる。社員70名が本社に集まれば、５台×70人で３５０台。**「使わない機器のＷｉＦｉは切ってください」とアナウンスすることもある。**

一般業者が指示なく設定する場合は、接続可能端末数が「１００」に初期設定されていることが多い。そのため、「ルータの設定」はきちんとしておいたほうが良い。**ルータの設定でやっておくべきことは、ＩＰアドレス付番の上限数、ファームウェアの自動更新設定、プリンタなどの固定ＩＰアドレス設定などだ。**ネットワークに詳しいメンバーや外部パートナーに依頼することをお勧めする。

オンライン会議で「ネットの調子が悪い」ということはないだろうか。「ネットの調子が悪い」のではなく「ネット環境が悪い」のだ。少なくとも、常に「１００Ｍｂｐｓの通信速度が出ている状態」（ＰＣで）にしておくべきだ。通信速度の計測は簡単にできる。次のサイトでまずは測定していただきたい。スマホであれば次のアプリを活用いただきたい。

fast.com　(https://fast.com/ja/)

SPEED TEST　(https://www.speedtest.net/ja)

通信速度を高速化する手順はこうだ。

まず、ルータにＬＡＮケーブルを「直差し」して、外部に最も近いポイントで「有線ＬＡＮの速度」を計測する。わが社の場合は、その時点で３００Ｍｂｐｓの速度が出ている。

次に、無線ＬＡＮに切り替えて測定する。有線ＬＡＮの時と比べて、30Ｍｂｐｓ程度の速度低下であれば合格。有線で３００Ｍｂｐｓの速度なのに、無線に切り替えた時に２００Ｍｂｐｓを切るようであれば、ＷｉＦｉ機器を新しいものに変えたほうが良い。わが社の場合、ＷｉＦｉ機器は『BUFFALO製ＷｉＦｉルータWXR-6000AX12P』を活用している。素晴らしい通信環境を実現してくれる。

もし有線ＬＡＮの「直差し」の時点で、１００Ｍｂｐｓを下回るようであれば、プロバイダの変更をお勧めする。その地域において、同じプロバイダが多い場合はネットの取り合いになるため、込み合う時間帯はどうしても通信速度が遅くなる。**一度良い設定にすれば、後は放置するだけ**。**設定時に、諦めずに最適な通信環境を目指すべきだ**。

ネットワークの最適化は、特に子育て中のママ社員に大きなメリットをもたらす。通信速度の向上により、彼女たちは自宅でのリモートワークとなっても、子育てと仕事の両立がしやすい。こうした環境改善は、ストレス軽減にも繋がり、**長期的にキャリアを続けるための支援となるので実現させたいと思っている。**

打ち手14 「紙の本」で多読する

存在することを忘れてしまうというのが、電子書籍の最大の欠点だと痛感した。なぜかというと、過去に買ったことのある電子書籍を何度も買おうとしたことがあるからだ。

それぐらい、紙の本をゼロにして、電子書籍に一本化したことがある。自分で本をスキャンして、電子書籍化することも散々やった（自炊）。

ところが、電子書籍化することや持ち歩くことが目的になってしまい、本来の読書の目的である新しいヒントを日々得ることや、次のビジネスアイデアを得ること、学びを得る、ということが少なくなった時期があった。

ものが増えるのが嫌ではあったが、紙の本を再度買い始めたところ、ページをめくる手の感覚やマーカーを引いたり付箋を貼っておくことで、また読む時に良い気づきが得られた。何より**実物の本があることで、本棚に並んでいるだけでアイデアを思い出すスイッチになることがわかった。**

今は、社長室の外に本棚を設置して、誰でも見られるようなライブラリーを設けている。それだけでは足りないので、端材で本棚を製作し、壁一面に本が並んでいる。**先人の知恵を生かすために読書は欠かせない。**

フォトリーディングなどを学べば1日1冊は簡単に読めるので、紙の本の多読を強くお勧めする。**僕が確信を持って行動に移せるのは、読書が土台にあるからだ。**

本棚に並べられた書籍は、知の宝庫であり、日々の業務に新たなインスピレーションを与えてくれる。読書はただの趣味ではなく、生きる上での糧となっている。紙の本を手にとり、その内容に没頭する時間は、僕にとってかけがえのない瞬間である。

打ち手 15

「ソバキュリアン」として生きる

2022年7月にコロナウイルスに感染した。それまで僕は大のお酒好きで、飲まなかったのは、健康診断の前日と子供の出産前ぐらいだった。そう記憶している。飲む量は、人並み以上ザル以下。学生の頃から、お酒での失敗談は数えきれないほどある。

そんな僕が、コロナウイルス感染をきっかけに、アルコールの分解が極端にできなくなった。頭痛はするし、胃が張って食事が楽しめなくなる。お酒を介して、様々な方と交流を図っていたので、今後のことについて悩んでいた。

そんな時に妻が「こんな本あるよ」と勧めてくれたのは、ソバーキュリアスについての本だった。あえて断酒する人たちが増えている。その**ソバーキュリアスというのは、飲めるのに飲まない人たちのこと**だ。『飲まない生き方　ソバーキュリアス』（ルビー・ウォリントン著、永井二菜訳、方丈社）

悩んでいた僕はこの本を**時間が経つのを忘れるぐらい夢中で読んだ**。本をもらった日の夜、そしてその次の夜。みるみるうちに僕の意識が変わっていった。**飲まない生き方もあるのだと思えるようになった**。その本には、こんな一節がある。

〈酒をやめて失うものはただひとつ——酔っぱらうことだけ。以上！〉

〈心理学者マーク・ルイスの研究で〝らしくないこと〟に挑戦すると、新しい神経回路が形成される。〉という文章にも勇気をもらった。

それからの僕は飲まないことをプラスに使おうと思って、飲み会には車で行くことにしたし、帰りにメンバーを送ることもした。帰りの足が気になって行けなかった場所にも車で行けるようになった。

何より二日酔いが一切なくなったため、１週間の生産性が爆発的に上がった。**ネガティブな体の変化も、超ポジティブな進化に変えることができる。**

この経験は、**人生における困難は新たな可能性の扉を開くチャンスであることを教えてくれた。**もし何かで悩んでいるなら、その障害が実は大きなチャンスになるかもしれないということを忘れないでほしい。

打ち手16

「朝礼司会」を新人教育に効果的に使う

わが社には朝礼を重んじる文化がある。朝礼の中身はこうである。

体を目覚めさせる体操、経営理念の唱和、企業人行動８ケ条の唱和、わが社の価値観をまとめた小冊子の読み合わせ。僕自身もこの朝礼で１日の調子を把握することができるし、出社するメンバーの体調や様子を朝の５分から10分で一度に確認できる。

この**朝礼の大事なポイントは司会**である。**朝礼司会の進行の善し悪しで、朝礼の品質が全く違ったものになる。**以前、住宅専門メディアの新建ハウジング様より取材をいただいたので、その時の動画はこちらから確認していただきたい。

新建ハウジング動画：https://www.youtube.com/watch?v=kMMzvm1h0xI

新入社員研修の一環として、入社１ヶ月以内に朝礼の司会デビューの日にちを設ける。朝礼の司会をするとなると次のことをマスターしなくてはならない。

- オリジナル体操を習得する
- 経営理念を暗唱する
- 企業人行動８ケ条を暗唱する

・司会進行のスクリプトを暗唱する

実際にやってみると、なかなか難しいものである。声の大きさやしゃべるテンポなど、マニュアル化できないことが凝縮されている。これを習得することで、普段の仕事のやりとりのリズムが良くなり、チームでの仕事の生産性が上がる。

「一糸乱れぬ朝礼」を目指し、全員が同じことを同じリズムでできることは美しいものである。頭だけでなく、体でも価値観の共有を行う1つの事例である。

この**朝礼文化は、新入社員にとって特に重要である。不安や緊張を和らげ、会社の価値観や目標に対する理解を深める機会を提供**している。これによって、スムーズな職場への適応が促される。

打ち手17 「木育」に貢献する

建築現場からは端材が発生していて、産業廃棄物として捨てられている一方で、木材を使って教育をしている団体が木材高騰の影響で困っている。工務店だけでなく「木育」の現場にも、木材高騰は打撃を与えていた。

木材を活用して、工作をしたり、家具をつくったりすることで、子供たちは自然と道具の使い方を学び、日々の暮らしにどれだけ木材が使われているのかを体で覚えることができる。

僕自身も自分の子供に木材の可能性や楽しさを感じてほしくて、夏休みの工作では木工品のコンクールに一緒に参加したり、カインズホームのＤＩＹ工房で休みの日に木材遊びもしている。

木材を捨てない取り組みを常に発信していると、木材に困っている方からの情報が入ってくる。

例えば「プレイワーカー」の皆さんである。もともとは震災で遊び場をなくした子供たちに向けて遊びを提供する団体から生まれた。車のトランクいっぱいに木材を持って行くと、最大の感謝で迎えてくれた。こんなに喜んでもらえるのに、何も考えずに廃棄物として捨てていたことを後悔した。

また、障害を持つ子供が通う「支援学校」にも木材を提供している。木工班というものがあり、半年かけてベンチをつくるという授業がある。先生の話を聞いてみると木材価格の高騰によって、予算内では以前と同じような木材の購入ができなくなっていると悩みを打ち明けてくれた。

僕らがちょっとだけ時間をかけて、建築現場から出てくる端材を提供することで、未来の子供たちに教育の機会を提供することができる。ＳＤＧｓの取り組みをしなくてはならないという義務ではなく、**自分たちの思いから実行したことが、結果的にＳＤＧｓに繋がることが理想だ。**

打ち手18 「専門メディア」を応援する

住宅・工務店業界の進化発展には、メディアの存在は欠かせないと考えている。住宅・工務店業界について広く取材し、日本全国の事例を一年中追いかけている方にしかできない役割がある。中小企業１社で情報収集をするには限度があり、情報の偏りが出て、市場分析や時代の流れを掴むための情報を網羅することはできない。

特に、経営者や経営幹部は常に業界の動向にアンテナを立てて、身近な人からの噂話だけでなく、コストをかけて良質な情報を取得することで、結果的に地域のお客様に価値あるサービスを提供できる。

Ｗｅｂにある記事やYouTubeなどで情報収集をするだけで満足してはいけない。無料の情報というのは誰でも取得することができるので、それを知ることはお客様にもできることである。

僕は自分がいる業界が大好きで、情報収集は仕事とも思っていないが、絶対に押さえておくべきメディアは、次の専門メディアである。

◎**新建ハウジング**

月3回発行で、全国の工務店に郵送で業界新聞を発行している。紙面をつくるだけでなく、リアルなトークイベントやYouTubeなどのデジタル領域にも積極的に挑戦されている。地元紙の河北新報と同様に、愛読している。

僕の学び方は、新聞とＳＮＳの融合スタイル。1面から最後まで大きな見出しを見る。「お！」と自分の心が動くテーマを読む。取り上げられている他の工務店のＷｅｂサイト・

Instagram・YouTubeを検索して楽しむ。Facebookで社長の名前を検索する。面白そうであれば、ダイレクトメッセージを送って、コミュニケーションをとってみる。**お互いにプラスになれば、会いに行く！　「読む」だけが新聞ではないのだ。**

◎日刊木材新聞

日刊で木材に関する超マニアックな内容を発信している。「木を捨てない」取り組みをするようになって、「木材」に興味を持ってから知ったメディアだ。社内では、僕と工事部長の三浦がこの新聞のネタを面白く読んでいる。特に、コラムがものすごく面白いのと、CLTの動向をよくチェックしている。

◎リビング通信社

業界向けに「宮城県住宅着工ランキング」という統計情報のまとめを発信している。

エリアごとのランキングや、市場の数字もわかりやすく整理されている。日本全体の数字を把握するだけでは、地域にベストな経営は難しい。地域に特化した情報を取得することで、お客様が求めていることの大局が見えてくる。この**「大局を掴め」は先代の社長**

図36　新建ハウジング

変えよう！
ニッポンの
家づくり

新建ハウジング
THE SHINKEN HOUSING

2023
11|20
Vol.983

3面　GX・住宅政策　GX実行会議で地域工務店がプレゼン
4面　補助事業　補正予算でこどもエコすまいの後継創設
11面　なるほど！法律教室　2025年4月に向け準備すべきこと
16面　インタビュー　リノベ会社がサウナで地方創生目指す

24換気は
sumika
NEW
MAHBEX

1-2面
工務店が工務店をM&A

他社の資産を
自社の経営に生かす

事業継承の手段として、M&Aを選択する工務店も現れている。
中小工務店は買収されたり、子会社になったりするパターンが多いが、
社員8人の大工工務店・石牧建築（静岡県浜松市）はこのほど、
同じ市内にある工務店・住まいるコーポレーションをM&Aにより子会社化した。
優れた工務店を継承し、自社にはない営業・集客力や、
OB顧客という"資産"を取り入れて経営の強化につなげる。

M&Aにより石牧建築が子会社化した住まいるコーポレーション
石牧建築［静岡県浜松市］

APW 330
FIX窓 スリムフレーム

新建ハウジングがオンラインで読める！
「タブロイド版」「別冊付録月刊 アーキテクトビルダー」をオンラインで閲覧できるサービスを提供中です。

お問合せ・定期購読お申込み先
0120-47-4341
新建ハウジングDIGITAL
https://www.s-housing.jp

新建新聞社

（現会長）から叩き込まれた。

◎住宅産業研究所

「ホームビルダー経営白書」という全国の住宅・工務店の具体的な経営概要や東日本・西日本のランキングなどが掲載された情報を提供している。

わが社は全国展開をしようとは思っておらず、宮城県に密着することで競争力を生み出す戦略だ。それでも、九州や沖縄の情報を理解することで、外からの視点で地元の特徴を掴むことができる。

これらはコストをかけるだけの価値があるメディアであり、地域の工務店は各メディアの日々の取材や発信に感謝して応援すべきである。

自分が本を書いてみて、情報発信の苦労を痛感した。記事をまとめて、定期的に世の中に発信することがいかに難しいか。それを年中やり続けることには頭が下がる。

広告を出すことだけが、応援ではない。記事を読み解き、わかりやすく社内に伝えること。特に重要なのは、興味を持っている仲間に共有すること。メディアの取材協力には極力答えること。これらが全て応援である。

応援したいメディア情報は、年間定期購読一択。自分のことを取り上げてもらうことばかりではなく、メディアに対して有益な情報を提供する姿勢で向き合っている。

メディアへの情報提供は、単にニュースを伝えるだけでなく、業界の課題や解決策を提案する機会でもある。私たちの実践例や考えを共有することで、他の企業や業界関係者にも影響を与え、より良い業界の未来を築く手助けができる。

打ち手19 「薪ストーブ」があるオフィスの可能性を探る

２０２３年の夏に、本社倉庫内に薪ストーブを設置した。年間に5件ほどの薪ストーブの注文があり、マイホームに薪ストーブを採用するお客様が増えていることを実感していた。そのため、**「薪ストーブへの理解」をメンバー全員で進めるため、設置方法や使用方法を学ぶことを最初の目的とした。**

薪ストーブは長期的に使うものだと思ったので、その時点で知り得る中で、最も薪ストーブ愛を感じる、石川県金沢市の株式会社ＢＳＡの池高貫太さんにレクチャーを依頼した。わざわざ金沢まで行って、社内メンバー３人と学んだ。金沢のショールームには数多くの薪ストーブが展示されており、どんな質問をしても予想以上の答えが返ってきて、**「火の可能性」を体感**した。

最初は、薪ストーブ事業を強化する目的で設置を考えたのだが、実際に導入してみると、オフィスに薪ストーブがあることでのメリットが数多くあった。いくつか紹介したい。

◎コミュニケーションの機会の増加

火を囲むと良い話ができる。理屈はわからないが、火を囲みながらネガティブな話をする気にはならない。心が穏やかになり、一緒に話すメンバーに対して感謝の気持ちすら湧いてくる。職場に薪ストーブがあることで、精神的なプラス要素がある。

◎コストダウンに繋がる

本社倉庫からも、大量の建築材料が出てくる。新築には利用できない古くなった木材も、燃料に利用できる。薪ストーブがあることによって、廃棄する必要がなくなった。**産業廃**

棄物にかかるコストは大幅に減る。

◎新しいマーケット開拓のヒント

近年、キャンプを趣味にする方が増えたように感じる。コンビニに置かれている雑誌を見ても、キャンプグッズを紹介した雑誌が並ぶ。原始的な体験をデジタル社会は求めているのだと思う。

普段の仕事の中で、「火」を扱う習慣があると、キャンプを好むお客様の気持ちがよくわかるようになる。僕のInstagramで薪ストーブの動画をアップすると、「火は良いですね」と共感のDMが届く。

◎イベントに使える

お湯を沸かしたり、ストーブの中でホクホクの焼き芋をつくったり、熱々カリカリのピザを焼いたりできる。白湯が驚くほどおいしい。おいしいものを食べて嫌な顔をする人はいない。**社内に笑顔が増える。**

薪ストーブを使って、社内イベントが簡単に開催できる。**ストーブを囲みながらの食事**

図37　薪ストーブ

会は、社員の創造性を刺激し、オフィスの活気を高める。これは、働く環境を豊かにする新しい試みだ。

打ち手20 「マイク」に徹底的にこだわりぬく

1対1のオンラインコミュニケーションでは気にならない音声トラブルが、複数対複数の会議では非常に気になる。わが社には、「ハイブリッドルーム」という部屋があり、対面の会議とオンラインの会議を融合させた会議では、その音声トラブルを最小限にしてある。

全員が同じ場所に集まれなくても、1人だけ外出先から参加するなどが可能になるが、ここで最もこだわらなければいけないのが「音」である。**音が聞こえないのは、会議の最大のストレス**であり、それをなくすために徹底的にマイクにはこだわるべきだ。

ミュージシャンやラジオ収録などで使われるような高性能のマイクを使うことをお勧めする。これによって、対面会議に近い音声体験ができる。「会議後に文章で情報共有すればいいや」と逃げてはいけない。**時間は待ってくれないので、全員で使う共有時間にこそ、コストをかけ、コミュニケーションの質を高めていこう。**

参考までにわが社が使っているマイクを紹介する。

【logicool製『YETI X』】
(https://gaming.logicool.co.jp/ja-jp/products/streaming-gear/yeti-x-professional-microphone.988-000243.html)

わが社が選んだマイクは、高感度でクリアな音質を実現するもので、遠隔地にいる参加者の小さな声もしっかりクリアに届く。**このマイクのおかげで、オンライン参加者も会議に完全に溶け込み、意見交換がスムーズになった。会議の効率と満足度が大幅に向上して**いる。

打ち手21

「大型シーリングファン」を酷暑対策にフル活用する

倉庫での社内イベントや木材を活用する活動を長期的に実施していきたいと考え、倉庫の暑さ対策に投資をした。大型シーリングファンの設置である。倉庫の大型シーリングファンというとまだ馴染みがないと思うが、**近年注目されており、東北では初の導入**となっている。実際に設置したわが社の倉庫は次のような仕様になっている。直径６・１５メートルの大型シーリングファンである。

裏話を書くと、わが社の会長からは苦言を呈された。

「資材を保管するだけの場所なのだから、そこまでコストをかけるところではない」と面と向かって指摘を受けた。

会長の指摘を受け止めつつも、今後、僕が経営をしていく上では、**倉庫環境を長期目線で考えた時に良くすることは必要な投資だと判断**した。

そして、「必ず成果に結びつけます」と伝えた。

倉庫のような大空間の冷暖房を考えた場合、エアコン設置では膨大な電気代がかかってしまう。

図38　大型シーリングファン

そのため、大きな風を発生させる仕組みをつくり、暑い中でも作業が行える環境をつくった。実際に風を起こすと、屋根の近くに溜まっていた熱気が下に落ちてきて、空気の循環がすぐ体感できる。

夏場は暑さ対策に、冬場は薪ストーブでつくった暖かい空気を循環させるために活用する。年間を通して、できるだけ作業性の良い空間をつくることで、まだまだ倉庫から新しい可能性を生み出すことができる。

今回の投資は、単なる暑さ対策にとどまらず、倉庫内での新しいプロジェクトやイベントの可能性を広げる。**倉**

庫を多目的に活用できるようになり、メンバーや地域に対して新しい価値を提供できるようになる。

この大型シーリングファンは、鎌倉にある株式会社アイ・ヴィレッジ（https://www.i-village.co.jp/）の小俣祐介社長とのご縁で知ることになった。「いい風を起こそう」というスローガンで、シーンリングファンに特化したビジネスを展開している。この大型シーリングファン「SD FAN」は熊本の株式会社プレシードで製造されていて、DCブラシレスモーターと高強度アルミニウムの羽根で、０・８４キロワットという省電力を実現している。

打ち手22 「電話ミーティング」を正しく使う

不思議なもので、チャットに慣れて、LINE中心のコミュニケーションを普段していると、電話でしかできないことが明らかになってくる。時々、電話を使っているシーンを振り返ってみると、**「あることに」だけ自分がチャットではなく電話を利用していることが**

わかった。

それは「**対面で会って話したいこと**」である。例えば、トップシークレットの人事の話。まだ明確に答えの出ていない実験的なアイデアの話。相手を傷つけることになるかもしれないシリアスな話などである。

それであれば、「しっかり会って話をすれば良いのでは」となるはずだが、お互いが直接会うまでに日数がかかる場合は、できるだけ早めに話をしたい。わが社の年間休日は120日。1週間は5日しかない。残業もさせたくない。

時間は待ったなしなのだ。**電話でしっかり話をするほうが、プラスに働くケースが多い。つまり、電話とは「対面に代わるもの」と位置付けられる。**

「言った言わない」がなくなるし、相手の時間を奪わないため、電話よりもチャットを使うべきだと考えていたが、その先があった。

もちろん、急に電話をかけることは絶対にしない。必ず「今電話しても大丈夫ですか」や「今からであればいつでも電話できます」と、事前にチャットを送る。**相手の時間に気を配り、お互いの時間を有効に使う意識は重要だが、電話も侮れない。**

何より、通信環境が遅く音が聞こえないなどの問題が少ない。オンライン会議と違って、電話では音がクリアに聞こえるし届く。**コミュニケーションの中身によって手段を変える。目的は「伝えること」であり、相手を「理解すること」である。**

電話とチャットの併用は、効果的なコミュニケーション戦略の一部となっている。チャットは日常的な情報交換や確認事項に適しており、電話はより深い対話や緊急性の高い内容に対応する。このように、**状況に応じて最適なツールを選ぶことで、コミュニケーションの質が向上する。**

打ち手23 「古い仕組み」にしっかり終止符を打つ

時代の変化に対応するということは、新しいことを始めることだけではなく、古いものを手放すことも意味する。わが社には「親睦会」という社員旅行等のための積立の仕組みがあった。毎月の給与から月１０００円天引きで資金をプールし、それを社内イベントに使う。

この仕組みがつくられたのは、記録を辿ると30年以上前になる。当時は、会社が福利厚生として社内イベントをするための費用を賄うことができなかったので、社員積立にしたようだった。また、**当時は「社内イベントは社員旅行」と誰もが認識**しており選択肢が多くなかった。全社員が楽しみにしていた社員旅行だったのかもしれない。

ところが**近年は、社員旅行に行きたい人と行きたくない人がいたり、社内イベントを企画しても全員が同じ楽しみ方をするというのは難しくなった。**それでも毎月自分の給料から天引きされるので、月1000円の積立に対して不満の声もあった。

この状況を打破するために、親睦会の運営チームを一新し、思い切って入社2年以内のメンバーだけにしてみようと考えた。コロナ禍で、3年間社員旅行などができなかったし、飲み会すら一度もしなかった。そんな時代に新入社員として入ったメンバーと今後の企画を考えることで、新しい何かを生み出したかった。

過去の流れを引き継ぎたくなかったので、従来の「幹事会」という運営組織ではなく、「実行委員会」という名前で社長と若手メンバーからなるチームをつくった。考えれば考えるほど、メンバーから集めたお金を、社長の僕が意思決定することに難しさを感じたし、何より若手のメンバーが自分たちの力を発揮しづらそうだった。

ある時、実行委員会リーダーの山口が「社長、この親睦会という仕組みをやめてみるのはいかがでしょうか？」と提案してきた。つまり、社員天引きで資金をプールするのをやめるという話だ。社内イベントについては、会社の福利厚生として行えば良い。

古い仕組みが新しいものが生まれるのを阻んでいることを知り、思い切った決断をした。プールした資金は各自に返金。そして、社内イベントについては、会社の福利厚生費で運営する。その企画運営を行うのが新実行委員会だ。

これを全社員が集まる場で話し、その場でＬＩＮＥアンケートによる賛否をとった。アンケートの結果は「１００％賛成」。**ものの5分で、全社員で古い仕組みに終止符を打ったのだ。**

考えても行き詰まる時はやめることを検討するのも１つだ。**全社員への充分な説明をして、その場でスマホを活用して賛成反対の意見を集める。今後もこの方法で、これからのわが社に必要な仕組みを構築していく。**

打ち手24

「新しい取り組み」はプレスリリースする

新しい取り組みをする際に、プレスリリースを活用することは非常に有効である。**プレスリリースというとメディア向けと思いがちだが、社内や協力会社に対してもきちんと伝えたい場合に活用できる。**参考に次のプレスリリース分（わが社のバーチャル展示場236ページ、東北ふるさと体験237ページ）を確認していただきたい。

https://prtimes.jp/main/html/rd/p/000000002.000072573.html
https://prtimes.jp/main/html/rd/p/000000006.000072573.html

プレスリリースを発信するには、整ったわかりやすい文章であること、必要な情報がきちんと網羅されていることなどに気をつかう。お金を払って世に発信することなので、自然と情報の精度は高くなる。

社内向けだからといって、LINEなどのチャットで済ませてしまうと、本当に理解してもらいたい内容が届かない。同じ取り組みでも「どのような方法で伝えるか」によって、

受け取り方が変わってくる。

前述の「東北ふるさと体験」なども、自分が取り組んだことを社外のライターにインタビューしてもらい、記事にまとめてもらった。第三者の視点できちんと記事をつくることで、より取り組みが届きやすくなる。

PR TIMESは企業の広報として積極的に活用するべきだ。広報活動の幅を広げる強力なツール。新しい取り組みやイベントを効果的に広めるために最適である。

打ち手25

「評判サイト」の内容を正しい情報にする

意外と盲点となっているが、**お客様は企業の情報を集める時に、必ずしもその企業のWebサイトだけを見るわけではない。**検索窓に「あいホーム　評判」と打ち込み、会社自身が発信する情報よりも、**第三者がどう評価しているのかを確認**したい心理がある。

レストラン選びをする時に、「食べログ」を見て、食べた人がどんな感想を持っているのかを読むようなものだ。レストラン側が自分で書いた文章をそのまま鵜呑みにする人は

図39 「バーチャル展示場」のプレスリリース

遠隔接客できる「あいホームバーチャル展示場」が２月26日にオープン

〜 一社単独でのバーチャル展示場開発は国内初 〜

株式会社あいホーム

2021年2月25日 09時00分

創業62年を迎え、宮城県下で住宅を建築・販売する株式会社あいホーム（本社：宮城県富谷市 代表取締役 伊藤謙 以下、あいホーム）は、遠隔で接客が可能な「あいホームバーチャル展示場（URL https://aihome-vr.com）」を開発し、本年２月26日（金）にオープンします。住宅展示において一社単独でバーチャル展示場を開発するのは国内初の事例となります。

「あいホームバーチャル展示場」は、いつでもどこからでも、スマホで当社の住宅展示場を見学することができるサービスです。あいホームが手掛ける全17棟のモデルハウスのほぼすべての居室を自宅にいながらにして内覧でき、複数の住宅を比較検討することも簡単です。全17棟がラインナップしたバーチャル展示場は国内最大の規模となります。

あいホームバーチャル展示場TOP画面

さらに、宮城県内７箇所に所在するあいホームのオリジナル住宅展示場には、バーチャル展示場内の全17棟と同じ建物が実際に建築されているので、バーチャル展示会場で気に入った住宅を絞り込んだのちに、現地で実際に内覧をすることも可能です。

あいホームは宮城県仙台市を中心にのべ2,550棟の建築実績をもつ地元密着型の工務店です。新しい生活様式への変換で、外出機会をできるだけ少なくしたいという生活者心理の変化や、新しい生活環境を求めて高まりつつあるマイホームへのニーズにこたえるべく、工務店のDX（デジタル・トランスフォーメーション）の一環として、住宅展示場のバーチャル化に取り組みました。また本サービスはノーコード開発により、わずか1カ月で開発されました。これからも、あいホームは、スピード感をもって市場にサービスを創出していきます。

「あいホームバーチャル展示場」は初年度６万件の訪問者数を見込んでいます。これは当社の実際の展示場を来訪される件数の約50倍にあたり、「あいホームバーチャル展示場」を通じて、近隣のみならず遠方のお客様との新たな接点を創出してまいります。

図40　「東北ふるさと体験」のプレスリリース

工務店が地元の「酒」と「アート」をマイホームにお届け！地域連携による「東北ふるさと体験」提供開始

東北の生産者・企業・作家のコラボレーションで生み出す新たな暮らし体験

株式会社あいホーム

2023年4月17日 08時00分

宮城県で住宅を建築・販売する株式会社あいホーム（本社：宮城県富谷市、代表取締役：伊藤謙、以下あいホーム）は、地域活性化に向けた取り組みの一環として、地元企業のコラボレーションによる「東北ふるさと体験」の提供をスタートしました。東北の生産者や企業、作家の協力のもと新たな暮らし体験を生み出し、あいホームのホームオーナーや協力会社に、ふるさとの「味」「心」「技」を届ける活動です。

第1回では、戦前から地元の食を支えてきた米農家・酒蔵、そして宮城県を代表する画家と連携し、ふるさとの魅力がつまった1,000本の「酒」をつくりました。

今回は「酒」でしたが、品目を限定せず幅広い選択肢を視野に入れ、今後も継続的に地域連携による暮らし体験の開発を行ってまいります。

図41 評判サイトの検索結果例

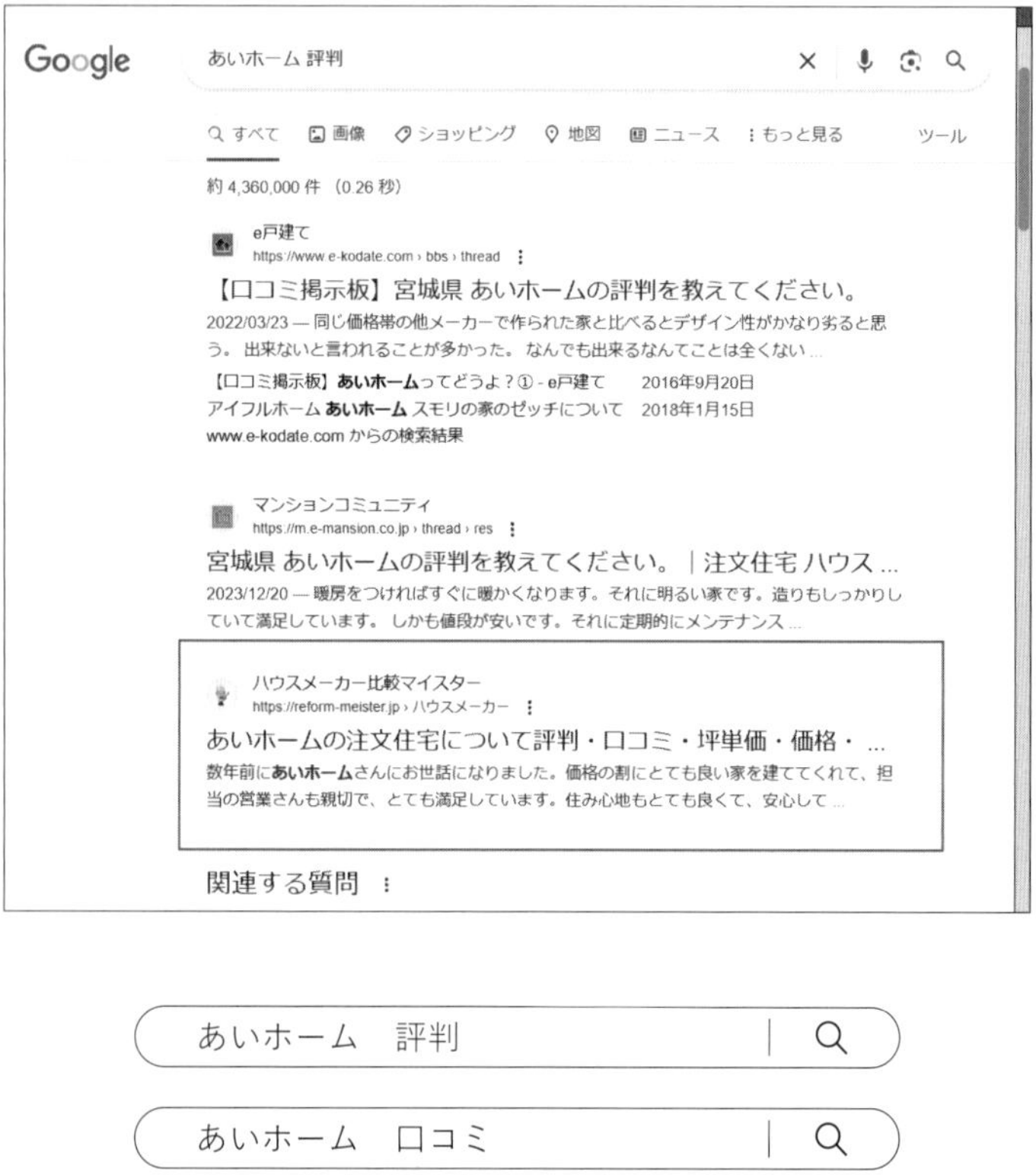
Google
あいホーム 評判
すべて
画像
ショッピング
地図
ニュース
もっと見る
ツール
約 4,360,000 件 （0.26 秒）
e戸建て
https://www.e-kodate.com › bbs › thread
【口コミ掲示板】宮城県 あいホームの評判を教えてください。
2022/03/23 — 同じ価格帯の他メーカーで作られた家と比べるとデザイン性がかなり劣ると思う。 出来ないと言われることが多かった。 なんでも出来るなんてことは全くない ...
【口コミ掲示板】あいホームってどうよ？① - e戸建て 2016年9月20日
アイフルホーム あいホーム スモリの家のゼッチについて 2018年1月15日
www.e-kodate.com からの検索結果
マンションコミュニティ
https://m.e-mansion.co.jp › thread › res
宮城県 あいホームの評判を教えてください。｜注文住宅 ハウス ...
2023/12/20 — 暖房をつければすぐに暖かくなります。それに明るい家です。造りもしっかりしていて満足しています。 しかも値段が安いです。それに定期的にメンテナンス ...
ハウスメーカー比較マイスター
https://reform-meister.jp › ハウスメーカー
あいホームの注文住宅について評判・口コミ・坪単価・価格・ ...
数年前にあいホームさんにお世話になりました。価格の割にとても良い家を建ててくれて、担当の営業さんも親切で、とても満足しています。住み心地もとても良くて、安心して ...
関連する質問
あいホーム　評判
あいホーム　口コミ

「あいホーム 評判」だけではなく「あいホーム 口コミ」などと検索して、自社以外のWebサイトにどう書かれているかを確認することが第一歩。その上で、誤った内容が記載されていたり情報が古ければ、修正依頼をこまめにしていく。

少ないはずだ。なぜなら、それは食べる側ではなく、つくる側の視点で書かれたものだから。

そのことをきちんと理解して、自社のＷｅｂサイトをもう一度定義すると、**「あいホーム評判」と打ち込んだ際に出てくる「検索ページ１ページ目全て」を自社サイトと捉えるべきだ。**まさに前ページの画面そのものである。

上位には「クチコミ」サイトと「比較」サイトが並ぶ。その比較サイトの中でどのように自社が書かれているか、まずは確認しよう。

ここからがポイントだ。**比較サイトやレビューサイトに掲載される情報も、正確かつ最新であることが重要。誤った情報は企業の信頼性を損なうため、定期的なチェックと必要に応じた更新が欠かせない。**

実は、掲載内容は修正してもらうことができる。もし比較サイトの中に書かれている情報が古かったり、正しくない情報が書かれているとすれば、そのサイトはユーザーにとって不利益な情報を提供していることになる。

そのことをきちんと比較サイト運営者に伝える。問い合わせフォームからメールをし、理解してもらえれば、内容をきちんと確認した上で修正してくれる。

具体的に、次の比較サイトで、間違った記載があったので、根拠資料を送り修正してもらった。非常に丁寧なメール対応で感心した。

【ハウスメーカー比較マイスター】
https://reform-meister.jp/

自社が発信する内容にしても、第三者が発信する内容にしても、どちらにしても、ユーザーにとって利益のある正しい情報を発信すべきである。

打ち手
26

「大掃除」を毎月1回する

わが社が長期にわたって続けている毎月の大掃除の習慣がある。環境整備という名称で何年にもわたって続けており、掃除ほどたくさんの気づきが得られるものはない。

普段目にしている場所も箒《ほうき》で掃いたり、雑巾で拭いたりすると意外な汚れや、ビスが落ちていることなどに気づく。**汚れた場所をそのままにしておくと、「その状態で良い」という会社のメッセージとなり、どんどん汚れが広がる。**

特に最近注意して見ているのは、「大型シュレッダー周辺」と「倉庫の下駄箱周辺」だ。朝一番で出社して、シュレッダーの周りを見ると、細かい紙のクズが少しだけ落ちていることがある。僕がその状態を放置してしまえば、誰も掃除することはない。だから見つけたら、絶対にその場で掃除をする。

また、倉庫の下駄箱周辺のスリッパなども必ず揃えるようにしている。数日経過すると、面白いように乱れる。また整える。その繰り返しである。それで良い。

そうやって**普段の意識レベルを上げつつ、毎月の大掃除で会社のクリーンな状態を保つ。半日を掃除に費やすわけだが、掃除をすることで仕事の効率は格段にアップする。**

普段からきれいに保ち続けられる完璧な人はいないと考えていて、社員全員で取り組むからこそ、オフィスという共有スペースがきれいに保たれる。

自分たちが働く場所への愛着を高める意味でも、自分たちで掃除する習慣を持つべきだ。あなたの会社ではどうであろうか？

掃除を通じて社員全員がオフィスの一部となり、責任感を持つようになる。これはチームワークを強化し、効率的な職場環境を生み出す。**毎月の掃除は単なる清掃活動ではなく、組織の一体感を育む大切なプロセス**である。

打ち手 27

「1次面接」は必ず社長がする

月に3回ほど中途採用の面接をしているのだが、必ず1次面接は社長がすることになっている。わが社はリクルートエージェント1本で採用しているのだが、(2023年12月時点)、書類選考・日時調整・エージェント担当者とのやりとりなど、全て僕自身が行う。

「企業は人なり」というのは真実で、入社後に育成ではどうにもならないことが多すぎる。研修は僕以外に任せたとしても、採用だけは僕が200%力を注いで行う。

そこまで思うようになったのは、第1章で述べた若手社員の連続退社がきっかけだ。**働きたい人と採用したい企業とのミスマッチや、入社後に「こんなはずではなかった」と思う人を絶対に出さないと心に決めた。**

これから就職する立場になった時に、その会社の社長と相性が合わないのは、入社しても絶対に上手くいかない。なので、１次面接で腹を割って話す。僕自身も**自分の弟や妹のように思える人物を、どんなことがあっても応援し続ける覚悟で、１次面接合格とする。**

ただ入社すると、仕事をするのは実際には僕とではなく、配属先のメンバーとだ。僕だけが良いと思っても、内定には至らない。必ず２次面接という名の座談会を設定し、配属先として予定している部署のメンバーと30分から１時間雑談をしてもらう。その上でお互いに入社意思について話をする。

また、就職希望者も企業のことを事前に調べているが、多くの場合、ただの情報としてしか頭に入っていない。**経営者の思いやビジョン、価値観を伝えることで、感情に訴えかけることが内定辞退を防ぐ。**

採用プロセスに社長が直接関わることで、候補者は企業文化とビジョンを深く理解でき、長期的なキャリア形成に繋がる。これは、メンバーの定着率向上にも貢献し、企業の持続的な成長をサポートする。

打ち手 28

「CLT」を小さく試す

本当に価値のある、「サステナブルな材料」は何とか使えるように努力すべきである。その1つにCLT（直交集成板）が挙げられる。CLTとは、そのままだと使えない木材を加工して、強度の高い建築材料にしたものである。

大手ゼネコンが建設する大型木造ビルなどに積極的に使われていて注目を浴びている。中小企業ではまだ使う企業は少なく、活用方法が模索されている。そういう材料こそ、積極的に何に使えるか、小さく実験すると良い。

理解を深めるために、経営幹部と一緒に愛媛県の「株式会社スナダヤ」という会社のCLT工場を視察した。製造プロセスを勉強しに行くと、現場で感じることは多い。どのようにつくられるのかプロセスを見ると、この材料は社会的に意味があることがわかるし、CLTには充分に可能性があると感じた。

何とかこの材料を使えないだろうか。そこで考えたのは社長室のミーティングテーブルへの採用だ。**「自分が使う」「一緒に使う」ものに実験的に小さく採用することで、活用のアイデアが生まれると考えている。**

この**小さな実験をきっかけに、宮城県の林業振興課の方との接点も生まれた。**ＣＬＴを社長室に活用してから、木材を見る目が変わった。今後は地元のＣＬＴ製造工場とコラボして、地元の木材を活用することにチャレンジしたい。

ＣＬＴの活用は環境保全だけでなく、地域経済の活性化にも寄与する。地元木材の活用は、サステナブルな社会づくりに貢献し、企業イメージを高める機会ともなる。

打ち手
29

「秋保石《あきうい し》」を積極的に使う

地域に眠る価値ある素材を守ることも、地域企業としての使命だと考えている。その１つに仙台市秋保エリアでとれる秋保石がある。

秋保石は６００万年〜８００万年前の火山活動でできた地層で、現在２社しか石切り場を持っていない。どちらの会社の方々も80代の高齢で、この石の産業そのものが消えてしまう可能性もある。秋田県の十和田石や栃木県の大谷石などと並び、日本でとれる価値あるものとして、利用を考えていきたい。

この秋保石の保存活動に命をかけているSANWA STONE株式会社の千葉孝司社長から、たくさんのことを学ばせていただいた。**石切り場の現状、秋保石を活用した作家さんの活動。利用実績。秋保石にしかない魅力や機能と可能性。地方の「らしさ」を開発することは、地方の発展と直結する。**

実際に、石切り場を案内してもらい、本当に素晴らしい素材だとわかった。湿度を調整したり、脱臭の機能がある。また、石の肌には温かみがある。わざわざ他の県から取り寄せて石を使うのではなく、地元にある石をマイホームに活用する選択肢をつくれたら良いと考えた。

「地元のものを使いたい」というのは、普遍的で自然な気持ちだと思う。それに応える材料を地元の企業として用意したい。

本社の打ち合わせ室や外部のスペースに秋保石を採用した。もしわが社への来社機会があれば、ぜひご覧になり、宮城県を体感していただきたい。地元の秋保石を活用することで、サステナブルな素材利用の良い例を示し、**地域の自然と文化を尊重する姿勢を表現**できる。

打ち手
30

「運動と睡眠」に徹底的にこだわる

３６５日、できるだけ時間を有効に使いたいと考えると、**経営者である自分の健康管理は、極めて重要な分野となってくる。**僕は、リアルなコミュニケーションを徹底的に増やすと同時に、自分の健康レベルも数段階引き上げた。具体的には、「運動」と「睡眠」の強化だ。

僕は月に１００キロメートルほどのランニングを、早朝に行う。毎朝毎晩、疲労を溜めない体のコンディショニングも行う。パーソナルトレーナーの佐々木さんの指導のもと、**常に２００％の力を発揮できる体をつくっている。**そのため、20代のメンバーにすら、体力で負ける気がしない。**トライアスロンを経営者仲間と楽しむのも、長期的に戦い続ける体をつくる目的が大きい。**

お勧めしたいのは、「パーソナルトレーナー」の活用だ。自分１人でトレーニング、栄養なども含めた健康管理をすることは難しい。近年、個人に合わせた指導のできるトレーナーが増えているので、小さく始めることを強くお勧めする。仕事と関係なさそうだが、

地方中小企業の「経営者の健康」は最も重要な経営資源と位置付けている。

パーソナルジム『Revive』を経営している佐々木さんは、法人向けの健康カリキュラムの開発サポートもしているので、わが社オリジナルの新しい体操の開発などにも挑戦したい。**メンバーの健康は企業の重要な資産だ。**

そして、さらに大事なのが「睡眠」だ。カリフォルニア大学の睡眠科学者マシュー・ウォーカーは次のような研究結果を紹介している（『睡眠こそ最強の解決策である』SBクリエイティブ）。

〈寝不足の社員は、生産性が下がり、モチベーションが下がり、創造性が下がり、怠惰になる。しかもそれだけでなく、倫理観まで下がるということがわかっている。〉

睡眠を充分にとっていない人はできるだけ簡単な仕事を選び、睡眠を充分にとっている人のほうが、創造的な仕事を選ぶという実験結果もある。環境激変で創造的な仕事が求められる。睡眠を侮ってはいけない。

睡眠をきちんと学習してからは、**できるだけ22時には爆睡し、朝4時に起きる生活**をしている。

自分の中で実験してみた結果、**避けるべきことは次の３つ。**

夜のブルーライト（スマホ）、夜の運動、夜の照明。

夜にiPadで読書は絶対にしない。薄暗い部屋で紙の本を読んだりして、寝る時にはスマホをできるだけ手の届かないところに置き、部屋を真っ暗にして寝る。風邪もひかないし、毎日すこぶる元気である。

おわりに

デジタル化を推進し、あらゆることを便利にしたつもりが、社内の人間関係をギスギスさせ、企業成長どころか衰退に向かっていた。そんな自分の失敗から、どんな社内コミュニケーションが本当に必要なのかをもがきながら考え、次の一手を打ち続けた。

どれだけテクノロジーが進化したとしても、人の暮らしや心が豊かになることこそ本当の進化である。わが社も含めて、地方の中小企業が成功・成長し続けるためには、「デジタル化そのものが正解」とは思わなくなった。

経営の傍らで本を書くというのは、やりきる精神力がいる。10万字以上の文字を書ききった時に出てくるのは、体の奥のほうから湧き上がる感謝の気持ちだ。

生んでくれた両親や先祖に対しては、「こんなにやりがいのある中小企業経営という道と出会わせてくれてありがとう」と伝えたい。社内のメンバーには、「お客様に尽くして、協力業者の皆さんに尽くして、会社を良くしようと毎日頑張ってくれて、本当にありがとう！」と伝えたい。協力業者の皆さんには、「誰も見ていないところでも手を抜かず、最高の現場をつくっていただき、ありがとうございます！」と伝えたい。文字では書ききれないほどの気持ちだ。

2024年を迎えた元旦の日にも、原稿を書いていた。旧友から年賀状が届き、「ついに機長になったよ」などと朗報に元気づけられる。昼過ぎには、高校ラグビーをスマホで「ながら観戦」。母校・桐蔭学園の圧倒的な試合には力をもらった。**志高く未来に向かって頑張っている人はたくさんいる！**

僕自身もその1人になり、ちょっとでも面白い未来、楽しい未来に貢献したい。地方には、まだ発見されていない可能性が眠っている。「東北、最高！」と胸を張って言えるものが、たくさんある。**「最高のホームをつくろう」というわが社のブランドスローガンは、僕自身の生き方とも重なっている。**

経営の領域は多岐にわたるが、**中小企業経営の成長戦略は「企業ブランディング」だと断言する。**それを自らの実践をもって、証明する。その土台となるブランドの言語化。それにとことん向き合う姿勢で、一緒につくってくれた株式会社クロマニヨンの小柳俊郎さんには大きな感謝を伝えたい。

本文中では触れなかったが、小柳さんとのご縁のきっかけは、本田直之さんが運営している「Honda Lab.」だった。**「人生は壮大な実験だ」という生き方・考え方に、共感する仲間が日本中にいる。**

常に新しい挑戦をし続けている方々ばかりで、竹下茂雄さん（京橋白木株式会社）、矢野耕二さん（株式会社One Day Design）、土橋裕太さん（株式会社M＆Aコンサルティング）、永瀬達也さん（株式会社HUMO）、裙本理人さん（セルソース株式会社）、塩谷隆太さん（形成外科専門医・日本サウナ学会監事）、日置経尊さん（株式会社think garbage）、桑原和寛さん（株式会社NOEXCUSE）、松尾真希さん（株式会社FrankPR）、大谷廉さん（株式会社KUE）、本当にいつもありがとうございます！

前作『地域No.1工務店の「圧倒的に実践する」経営』で書いたことを覆す内容に今作はなっているのだが、その「覆した部分」にこそ進化のヒントがあった。圧倒的に実践して、劇的に進化する。その先には何が待っているのか。僕の命を地方中小企業の発展に捧げて、まだまだ見つけていく。飽くなき挑戦に期待いただきたい。

最後に、執筆を応援してくれた妻、そして2人の子供・源人と千夏へ。ありがとう！

本書掲載のURL・QRコードのリスト

本書に掲載したサービスなどのWebサイトへは、右記QRコードの特設サイトからアクセスできます。掲載ページ、URLなどは下記の表にも記したので参考にしてください。

No.	本書の掲載ページ	サービス名など	URL
1	66	カレーの会の様子(Vimeo)	https://vimeo.com/user107028960/curryparty?share=copy#t=0
2	95	株式会社ダイナトレック	https://www.dynatrek.co.jp/
3	148	株式会社サンキュー	https://39-cl.co.jp/
4	149	株式会社N's Create.	https://n-cre.jp/
5	150	有限会社久保木畳店	https://tatami-jp.com/
6	151	株式会社ユカリエ	https://www.yukarie.co.jp/
7	161	ランサーズ(デザイナーマッチングサイト)	https://www.lancers.jp/
8	162	Design Office Ay	https://designofficeay.wixsite.com/doay
9	167,173	KAGLOG(家具コーディネートサービス)	https://kaglog.net
10	172	TOUWAKU PHOTOGRAPHY	https://10-89.com
11	173	レンジャーモード株式会社	https://rangermode.jp/company
12	174,191	著者(伊藤謙)のnoteの記事	https://note.com/kenitoihome/n/n148285b4da13

No.	本書の掲載ページ	サービス名など	URL
13	195,234	「東北ふるさと体験」のプレスリリース	https://prtimes.jp/main/html/rd/p/000000006.000072573.html
14	207	fast.com(インターネット回線の通信速度計測サイト・スマホアプリ)	https://fast.com/ja/
15	207	SPEED TEST(同上)	https://www.speedtest.net/ja
16	213	あいホーム「朝礼の様子」(新建ハウジングの動画より)	https://www.youtube.com/watch?v=kMMzvm1h0xI
17	226	logicool製『YETI X』	https://gaming.logicool.co.jp/ja-jp/products/streaming-gear/yeti-x-professional-microphone.988-000243.html
18	229	株式会社アイ・ヴィレッジ	https://www.i-village.co.jp/
19	234	「あいホームバーチャル展示場」のプレスリリース	https://prtimes.jp/main/html/rd/p/000000002.000072573.html
20	240	ハウスメーカー比較マイスター	https://reform-meister.jp/

伊藤　謙（いとう けん）

株式会社あいホーム 代表取締役。

1984年、宮城県に生まれる。明治大学商学部を卒業後、実務経験を積みながら、1級FP技能士・2級建築士・宅地建物取引士・インテリアコーディネーターなど、幅広い資格を取得。住宅業界におけるITとインターネット活用に注力し、デジタル化を推進。中小企業のデジタル化に関する著作は台湾でも翻訳される。

国内初の全19棟を24時間スマホで見学できる「バーチャル展示場」を開設。2020年に社長に就任して以来、売上成長と営業利益の増加に貢献。趣味は、トライアスロン、サウナ。

著書に『地域№1工務店の「圧倒的に実践する」経営』（日本実業出版社）がある。


どんな逆境《ぎゃっきょう》もチャンスに変《か》える！　環境激変《かんきょうげきへん》でも“連続《れんぞく》”最高益《さいこうえき》！

地域《ちいき》No.1《ナンバーワン》工務店《こうむてん》の「劇的《げきてき》に進化《しんか》する」経営《けいえい》

2024年 3月20日　初版発行

著　者　伊藤　謙

発行者　杉本淳一

発行所　株式会社日本実業出版社　東京都新宿区市谷本村町3-29 〒162-0845
編集部　☎03-3268-5651
営業部　☎03-3268-5161　振　替　00170-1-25349
https://www.njg.co.jp/

印刷／壮 光 舎　　製本／若林製本

ISBN 978-4-534-06087-7　Printed in JAPAN